每天懂点
性格心理学

MEITIAN DONGDIAN XINGGE XINLIXUE

赵亚平◎编著

台海出版社

图书在版编目（CIP）数据

每天懂点性格心理学／赵亚平编著. —北京：
台海出版社，2018.10
　　ISBN 978-7-5168-2131-2

　　Ⅰ.①每… Ⅱ.①赵… Ⅲ.①个性心理学—通俗读物
Ⅳ.①B848-49

　　中国版本图书馆 CIP 数据核字（2018）第 224063 号

每天懂点性格心理学

编　　著：赵亚平

责任编辑：王　萍　　　　　　　　　　封面设计：尚世视觉
责任印制：蔡　旭

出版发行：台海出版社
地　　址：北京市东城区景山东街 20 号　邮政编码：100009
电　　话：010-64041652（发行，邮购）
传　　真：010-84045799（总编室）
网　　址：www.taimeng.org.cn/thcbs/default.htm
E-mail：thcbs@126.com

经　　销：全国各地新华书店
印　　刷：天津中印联印务有限公司
本书如有破损、缺页、装订错误，请与本社联系调换

开　　本：710mm×1000mm　1/16
字　　数：155 千字　　　　　　　　　印　　张：14
版　　次：2018 年 11 月第 1 版　　　　印　　次：2018 年 11 月第 1 次印刷
书　　号：ISBN 978-7-5168-2131-2

定　　价：39.80 元

前言

众所周知，每个人在通往成功的道路上都不会一帆风顺，而是充满很多艰难险阻。面对困难与不幸，不同的人会选择不同的态度，其性格起着十分关键的作用。

性格决定命运。面对事业选择、人情往来、职场交际等，正是由于性格不同，一个人对世间万物的世界观、价值观和人生观也不同，这便决定了每个人不同的命运。

如今，人类社会已步入信息技术高度发达的知识经济时代。面对同样的机会，不同性格的人态度不同，进而也会收获不同的人生。如果选择用积极坦然的态度去面对，他就会把握机会，迎难而上，进而赢得成功和掌声；而如果整日怨天尤人，浑浑噩噩，消极面对，那么成功便会和他擦肩而过。

著名诗人臧克家在《有的人》中写道：有的人活着，他已经死了；有的人死了，他还活着。古往今来，很多历史人物有的名垂千古，让后人顶礼膜拜；有的则遗臭万年，受到后辈世代的唾弃。这种差距的形成，其性格起着决定性的因素。

一个人具有良好的性格，当他获得成功时，他所拥有的不仅是个人的名利和地位，更重要的是，他将会对社会产生正能量，将会为社会作出他应有的贡献。

对于我们而言，作为新时代的青年，最重要的是要懂得完善自己的性格，学会自信与坚韧，拒绝懒惰与狂妄，要学会反思自己，对自己过去的人生不断进行总结和归纳。只有培养起良好的性格，才能让自己在点滴积累中不断进步，让自己离成功的目标越来越近。

世间没有完美无瑕的事物，性格也是如此。比如一个人自信过度，便会变得狂妄自负；而缺乏自信，又会整天自怨自艾。而且，每个人的性格都会随着年龄的增长、阅历的丰富不断发生变化。

任何事物都是相对的，没有绝对的对与错。对于性格而言，并没有绝对的好坏之分。对于我们，最重要的是要有自知之明，懂得自己性格的优势和劣势，学会不断调整自己，充分发挥自己的长处，让自己实现人生的目标。

亲爱的读者，你的心中一定会满怀疑虑：一个人究竟具有怎样的性格才会备受欢迎？尤其是在交际场合，培养哪方面的性格才能让自己在职场中得到领导的青睐和同事的认可？性格学，这门看似深奥的学问，我们究竟应该如何学习和利用它，才能让自己在人生的各种角色扮演上更加游刃有余？

因此，我们迫切需要一本关于性格培养的书籍，学会剖析自己，了解自己，让自己更科学合理地掌握性格方面的知识。本书便会为你逐一解答这些疑惑。

通过认真阅读本书，你不仅可以清楚地了解自己，认识他人，还可以学会分析社会和职场，让自己根据实际情况掌握必要的交际方法和技巧。

本书既有深入浅出的性格学理论知识，还有贴近实际的案例。通过认真阅读，你一定会懂得日常行为背后所蕴藏的心理学思维，一定会掌握解决日常生活中突发性问题的技巧，让你的应变能力、心理素质大幅提升，游刃有余地解决实际生活中的难题。

"纸上得来终觉浅，绝知此事要躬行。"希望通过阅读本书，你能学会本书中的理论知识，并消化吸收，化为己有，对此加以运用，更加深入透彻地了解自我，学会调整自我，改变自我，让自己适应瞬息万变的职场和社会，在生活和事业上获得更大的突破。

目录

第九章　九型人格面面观

第一章

掌 握 性 格 金 钥 匙

第一节　你想要什么

作为一名资深心理咨询师，晨曦在一次心理咨询时遇到这样一件事：

黄某，35 岁，典型的白领一族。目前，他已经有车有房，并且在企业担任高管职位。然而，他在婚姻方面却屡屡受挫。

每次相亲，要么是自己瞧不上对方，要么是对方感觉双方不合适。即使遇上感觉合适的，往往相处一段时间也草草结束。

为此，家中父母十分着急，经常拜托周围亲朋给黄某介绍对象。

一次偶然的机会，黄某认识了晨曦。他将自己目前情感生活的困惑告知了晨曦。

通过对黄某的简单了解，晨曦追问了他几个问题：

"你的爱情观是什么？"

"你喜欢哪一类型的女生？"

"你结婚的目的是什么？"

针对以上问题，黄某的回答不是很明确，总是很模糊。

通过对黄某的心理测试，晨曦认为，黄某感情生活一直不顺，归根到底是由于他一直没有对自己所要追求的女友和婚姻有明确的要求。

人世间，解决任何困难的不二法门是要从本源出发。只有自己最清楚自己内心深处追求的是什么，清楚自己最想要什么。而只有明白和清楚这一点，所有的问题才可以迎刃而解。

当我们呱呱坠地来到世上的时候，我们每个人的一生其实都在围绕着以下几个问题展开：

1. 我是什么？

2. 我要变成什么？

"我是什么"，追根溯源，这是一个探知自我本源的问题。其实"我"是世界上独一无二、不可或缺的个体。而"我"有别于他人的突出表现便是性格。

"我是什么"，这是一直以来困扰很多人的难题。世界上的人往往自己对自己最不熟悉。在人生的十字路口，究竟应该何去何从，我们总是踟蹰犹豫、不知所措。针对自己的选择，究竟应该根据什么标准去判断？是应该按照自己的真实意愿做出决定，还是顺从他人的想法去做最终决定？这一切实在难以抉择。

《孙子兵法》中强调：知己知彼，百战不殆；不知彼而知己，一胜一负；不知彼，不知己，每战必殆。在古代战争中，要想在战争中拔得头筹，首先要了解自己，清楚自己的实力；其次要了解对方，知晓对方的情况。如果什么都不了解，那么最终的结果一定是以失败告终。

因此，世界上获得成功的不二法门便是知晓自己、了解自己。只有这样，才能真正清楚和了解自己的现状，因地制宜，制定出适合自己的应对之策，才能让自己迎难而上，掌握打开成功之门的金钥匙。

　　我是什么，这是很多人都急于知晓的话题。而他们往往在越不利的情况下，越希望尽快找到这个问题的答案，越希望尽快了解自我。

　　现实生活中，我们经常会产生这样那样的疑问：高考时，为什么我的父母非要我报考师范专业？热恋时，为什么我的女友对我送的礼物不喜欢？工作中，为什么我精心准备的 PPT 没有得到领导的青睐？

　　而以上这些问题，其答案都在性格心理学中。相信只要你认真了解性格心理学，掌握自我性格特点，现实中的很多烦恼便会飞去九霄云外，进而让自己在生活中变得豁达开朗。

　　通过回答心理测试的题目，我们会从相关答案中发现自己性格的优劣，会发现自己在做判断和选择时与别人的差别。你会觉得，正是自己与别人在性格中的细微差异，才导致你做出和别人不一样的选择，才知道父母高考时让自己选择师范专业的理由，知道自己选择的礼物为什么女友不喜欢，知道自己花心思完成的 PPT 为什么不合领导心意。

　　所以，通过对性格心理学的研究和学习，你所收获的不仅是清楚自己内心深处真正所需，而且你会更加透彻地看清楚自己内心的真实想法，在为人处世中学会如何和别人沟通，进而友好相处。

　　另外，我们还要经常反思自己，学会自我反省。因为通过自我总结和反省，往往会更加了解自己，清楚自己的内心，懂得自己的优劣。

　　很多人都会有这样一种感叹：为什么毕业时大家都是在同一起跑线上，五年后、十年后再聚会时，相互之间会拉开差距，而且越来越大？

　　通过和他人的比较，你会发现自己在人生事业追求上出现的问题。

同样做一件事情，别人之所以最后达成目标，往往靠的是坚韧不拔的品质。面对同样的难题，别人总是想方设法去克服，绞尽脑汁想办法；而你一遇到难题便会过分抱怨，怨天尤人，那么等待你的便是失败。

以铜为镜，可以正衣冠；以史为镜，可以知兴替；以人为镜，可以明得失。现实中，别人往往是自己的一面镜子。有时候，别人对自己的评价往往一语破的、一针见血。正所谓，当局者迷，旁观者清。所以，我们要懂得谦卑，对于别人对自己提出的建议要虚心接受和采纳，因为别人的评价往往更能从另一角度反映自己存在的问题。

不过，任何事情的关键是要掌握好度。对于别人的评论，有时候需要虚心接纳，而有时候这些评论往往具有片面性，这更多地需要自己的准确判断。

第二节　你了解自己吗

很多时候，我们都会被人问及这样一个问题："你了解自己吗？"大多数人都会点头表示肯定。的确，世界上很多人都认为了解自己，可是他们却很少花时间去真正了解自己。

心理学认为，不满足是人的本性之一。人们之所以了解自己，往往出于好奇心。很多时候，人们之所以花更多精力去了解新事物，其诱因往往是他们内心的好奇心。人们往往通过好奇心让自己对世间万物有更多的了解，以此缓解自己不满足的心态。

哈佛大学前校长陆登庭认为，如果没有好奇心和纯粹的求知欲为动力，就不可能产生那些对人类和社会具有巨大价值的发明创造。英国学者塞缪尔·约翰逊则认为，好奇心是智慧富有活力的最持久、最可靠的特征。

科学家牛顿正是对苹果为什么会落下来产生好奇心，才发现了万有引力；发明家瓦特正是对烧水壶上面冒出的蒸汽感兴趣，才对蒸汽机进行了进一步的改进；伽利略正是对屋顶的吊灯产生了好奇，他才能发现了单摆规律。

正是因为对世间万物充满好奇，所以人们才产生了兴趣和疑问。这些问题之中，有些前人已经通过努力得到了答案，而有些还需要后人通过不懈努力去探究。因此，人类的发展史就是一个在探索与发现、疑问与解答中不断前进的过程。

人们之所以想要了解自己，除了为了满足好奇心外，更多的时候是为了让自己的生活过得更加幸福和美好。这是满足实用的典型表现。很多时候，当人们在生活中遇到困惑和痛苦的时候，他们会对自己提出质疑，由此产生了解自己的念头，进而满足自己激发潜力的需求。

当人生遭遇不幸的时候，人们经常会抱怨，怨天尤人，然而追根溯源，这些不幸福因素的根源还是在我们自己。这往往也是促使我们了解自己的原因。

心理学认为，外因往往是由内因所决定的。然而，外因过于广泛，要想真正了解，人们往往力不从心。因此，从最真实的自己开始，了解自己、熟知自己、把控自己，这样才能掌握人生的金钥匙，更快实现人生的目标和幸福。

很多时候，谈及大道理，我们往往侃侃而谈，可是到了现实中，要想真正达到了解自己、把控自我，往往是很难的。因此我们会产生各种各样的烦恼和不幸。而如何驱散心里的阴霾，摆脱人生的不幸呢？很多人往往求助于心理咨询师。因为他们接受过正规专业的心理教育。他们的出现，促进了人类心理学事业的发展。心理学认为，只要人们在现实生活中获得成功，他们会进一步追求更多的幸福和快乐。而这将会进入精神层面。当这些理论的缺陷暴露出来的时候，人们会对其感到无比困惑，并且不清楚其产生的原因。而性格心理学则为其答疑解惑提供了窗口和途径。

世界上每个人都会有不同的性格，每一种性格的产生源于他们每个人不同的感悟。而且每一种性格都并非完美，都有其优点和缺点。之所以研究性格心理学，最重要的是通过了解自己，让自己清楚自己的性格特征，让自己在现实中懂得扬长避短，充分了解自己性格的优劣，进而减少自己在现实中的痛苦，增加幸福。

现实中，要想真正了解自己，最关键的是要清楚自己的长处和短处，并将它们罗列出来。在信息化的社会，每个人都有其用武之地，都可以找到适合其发展的工作领域。比如有的人不善言谈，不愿意和别人交流，这种类型的人在找工作的时候就不适合从事销售工作。

第三节　性格究竟是什么

性格究竟是什么，一直以来是无数心理学家研究的课题。对于每个人而言，人有千面，每个人在不同条件下所表现出的状态往往是不一样的，不同状态下所表现的不一样的自我，往往是自己性格多面性的表现。所以，对于性格的定义，也有很多不同的理解。

人生道路上，每个人都希望通过顽强的拼搏获取事业上的成功。而要想自己成为成功者，这条道路十分艰辛。在通往成功的道路上，每个人都会面临无数坎坷和艰难险阻。而为什么有的人能够克服万难最终成功，而有的人则半途而废，以失败告终。他们不同的性格发挥了至关重要的作用。

正所谓性格决定命运，具有优秀性格的人才能最终获得成功，享受鲜花和掌声。优秀的性格犹如高楼大厦的基础，而人生的经历和能力则是构成高楼的钢筋和水泥。只有以优秀的性格为后盾，以自身的能力和水平为支撑，一个人才能建造起高质量的摩天大楼。

人类历史上，有很多令人肃然起敬的成功人士，他们通过自己坚忍顽强的性格创造了人生的奇迹。海伦·凯勒便是其中的一位。她是美国赫赫有名的作家、社会活动家、教育家、慈善家，她的著作脍炙人口，蜚声世界。其中最著名的莫过于《假如给我三天光明》。"把活着的每一天看作生命中的最后一天"，她的这句话激励着无数读者克服人生艰难的时刻，走出人生的逆境。

可以说，命运对她是不公平的。她出生19个月的时候，一次不幸的病痛让她失去了视力和听力，从此她只能在漆黑的世界中度过。

面对如此不幸的人生，她在导师安妮·莎莉文的指导下懂得了热爱生活，开始学习说话和读书。通过自己的不懈努力和顽强拼搏，她最终以优异的成绩毕业于哈佛大学，成为一位学识渊博，掌握英语、法语、德语、拉丁语、希腊语五种语言的著名作家和教育家。

美国第 16 任总统林肯是美国历史上杰出的人物。他凭借自己的正直、仁慈和顽强，成功地拯救了联邦和解放奴隶，成为美国历史上最出色的总统之一。

虽然林肯并没有接受过良好的教育，自己从事公职工作的经验也很少，可是他善于观察，洞察力敏锐，最终他凭借自己出色的能力战胜了困难，获取了成功。

其实，林肯的一生是十分不幸的。他经商失败过，竞选落选过，面对接踵而来的困难，他患上了抑郁症。可是他通过自己的毅力最终挺了过来，实现了人生的价值。

不论是海伦，还是林肯，他们通过自己的顽强拼搏塑造了不畏艰辛、迎难而上的性格，实现了人生的价值。因此，一个人的思想和行为往往取决于他的性格，而良好的性格有助于他克服人生征途上的种种困难，化腐朽为神奇，最终成就成功的人生。

从心理学角度讲，性格是一个人对现实的态度和相应的行为方式中的比较稳定的、具有核心意义的个性心理特征，它是一种与社会相关最密切的人格特征，在性格中包含有许多社会道德含义。性格是人们对现实和周围世界的态度的集中体现，最终体现在他的具体行动中。

性格具备以下几个特征：

1. 态度特征。其指的是一个人在具体生活和实际中所表现出的普通特征。

2. 理智特征。其指的是一个人在认知领域中所体现的心理特征。

3. 情绪特征。其指的是一个人在情绪表达方面的心理特征。

4. 意志特征。其指的是一个人在心理调节过程中所表现出的心理特征。

撒切尔夫人说过：小心你的思想，它会变成你的语言；小心你的语言，它会变成你的行动；小心你的行动，它会变成你的习惯；小心你的习惯，它会变成你的性格；小心你的性格，它会变成你的命运。由此可见，一个人的性格在他人生的成功道路上发挥着十分重要的作用。

J.P. 摩根是投资银行一代宗师，一位记者向他问道："决定你成功的条件是什么？"他毫不犹豫地回答道："性格。"当记者又问他："资本和资金，哪个更为重要？"他回答道："资本比资金重要，但最重要的还是性格。"

有一年，华盛顿大学邀请世界巨富沃伦·巴菲特和比尔·盖茨到学校进行演讲。有的学生向他们提问道："你们是如何做到比上帝还富有的？"这个问题很有挑战性。巴菲特说："其实答案很简单，根源与智商无关。很多时候，聪明人会做一些阻碍自己发挥全部功效的事情，原因在于习惯、性格和脾气。"对此，盖茨也认为是准确的。因此，一个人在现实生活中，他的命运往往是由性格决定的。

性格决定命运，具体体现在他的人际关系、职业生涯、婚姻状况、创业选择等方面。因此，一个人不论做任何事情，其成败都与性格有着密切的关系。

每个人的性格既有好的一面，也有坏的一面。不同的性格适合不同的工作和选择，比如坚忍不拔的性格适合在事业上取得成功；豪爽开朗的性格适合结交五湖四海的朋友；包容谦让的性格有助于家庭的和睦。

对于每个人而言，良好的性格是他们的无形资产，会产生巨大的力量。要想成就事业，必须扬长避短，根据自己的实际情况，选择最适合自己性格特长的事情去做。正是性格的不同，所以他们对世间万物的态度也不同，进而所做出的选择也不同，最终导致了不同的人生。

不同的工作需要不同的性格。一个热衷政治的人是很难从事艺术工作的；同样，喜欢艺术的人也不适合从事政治工作。如果所从事的工作和其性格不相符，结果只能导致人生种种不如意，整天生活在悲伤和痛苦之中。

西班牙大文学家塞万提斯认为，每个人的命运都是由自己的性格决定的。的确，人生的成败取决于性格的好坏。好性格成就完美一生，坏性格导致生活失意。

当遭遇人生的困境时，如果整天怨天尤人、总是抱怨，只能无济于事；从中默默汲取教训，想办法解决难题，这才是最重要的。

人的一生都不会是一帆风顺的。正如一年有四季之分，一个人的一生也有高潮和低谷。当处于高潮的时候，要懂得胜不骄、败不馁；当处于低谷的时候，要相信自己，早日克服困难，走出阴霾。

遵从自己的性格，就可以找到通往成功的道路；违背自己的性格，成功将和你擦肩而过。每个人都有自己不同的性格，每种性格都有其长处和短处。不论属于哪种性格，都要发挥其长处，才能肩负起使命，让自己的人生早日迈向成功。

第四节 人体血型与性格

在一次大型招聘会上，一家营销公司在招聘启事中明确规定，营销人员岗位不适合 A 型血的人。这则招聘启事一公布，立刻引起了人们的热议。

有的人认为这是对 A 型血人的歧视，是不公平条款；而有的人则认为这充分参考了血型特征的知识，充分体现了公司对人才的重视。

奥地利生理学家卡尔·兰德斯坦纳根据人们血液型物质复合构造的不同，将人类血型分为 A 型、B 型、O 型和 AB 型四种血型。同时，专家发现，人们的血型和性格相互之间有着十分密切的联系。

1. A 型血与性格

A 型血的人比较理性，办事有条理，善于分析自我，性格倔强。他们在工作中责任心是最强的，对于领导交付的工作都能认真完成，而且他们对于工作从不叫苦，吃苦耐劳，是企业员工的优秀代表。因此，他们在事业上获得成功的概率很高。然而，他们的警惕性很强，十分在意别人对自己的评价，对周边环境的变化十分敏感。

现实中，A 型血的人诚实守信，积极向上，办事踏实认真，精益求精，忍耐力强，有强烈的责任感、义务感和使命感，具有良好的团队合作意识。

然而，他们平时关注事情过多，爱操心，办事缺乏毅力，遇到选择总是犹豫不决，天性孤僻，性格腼腆，羞耻心强。

总体而言，A型血的人具有很强的人格魅力，让别人能够服从他们的安排，使别人的思想感情以他们为中心，并为之服务。

通过以上的描述，我们对A型血人的性格特征有了一定的了解。很多企业招聘销售人员的时候，之所以不愿意招聘A型血的人，是因为他们的性格大多比较内向，与销售人员外向大胆的工作需求相矛盾。然而，他们所具备的通过不懈努力改变环境的认真性格，决定了他们适合从事公司管理层、财务等方面的工作。他们思考缜密，对现状往往有很强的洞察力，能够提出自己的主张。

2. B型血与性格

B型血的人积极热情，思维活跃，爱好广泛，胸怀坦荡，宽容心强，天生开朗，擅长交际，可以交到很多挚友。对于新事物接受程度快，不拘泥于条条框框，平时对所有人都是一视同仁，不存在偏见。

然而，他们忍耐力弱，意志薄弱，喜欢夸耀，缺乏细心，对身边的人和事缺少关注，不能很好地处理身边的人际关系。

B型血的人适合从事创意、设计、营销等方面的工作，他们开朗爽快，可以很好地将目标和规划落实到位。他们不适合从事操作规程严格、要求一丝不苟的工作。

3. O型血与性格

O型血的人天生对数字比较敏感，性格要强，严于律己，从不言败。平时如果自己落后于他人，往往会十分着急，要抓紧时间迎头赶上。他们个性比较强，可是他们很容易相处，身边有各种领域的朋友。他们交际圈广，如果好好利用人际关系，往往可以做出一番事业来。

历史上赫赫有名的大人物，大多数都是 O 型血的人。他们有长远的目标、持久的恒心、开拓的精神、高度的自信。同时，他们办事效率高，注重实际，实事求是。因此，在公司领导层中，很多都是 O 型血的人。这类人的缺点是办事马虎、不懂变通、忽视细节，通常很难全面看待问题。

毋庸置疑，O 型血的人是各个领域的出色人才，可以推动各项事业的发展变化。据悉，美国西点军校就要求只收取 O 型血的人。因为他们天生具备领导气质。所以，企业应根据血型特征，让更多 O 型血的人从事领导方面的工作。

4. AB 型血与性格

AB 型血的人乐于助人、天性温和、待人和蔼、易于理解他人。这类人虽然是复合气质，具有复合性格的特征，可是他们的性格与 A 型血和 B 型血的人大相径庭。他们的缺点是不善交谈，经常自我封闭，很少和外界接触。

日常生活中，AB 型血的人比较稳重，很少流露出激动的表情。他们办事逻辑性强，有合理的计划，筹划能力超强，会为了完成工作中的目标而不懈努力。他们往往会成为企业的核心人才。他们的设计水平以及筹划能力较强，更注重内在思想，权力欲小。另外，他们身上具有一种与众不同、玩世不恭的特征。

AB 型血的人干活容易疲劳，体质较弱，经常看上去疲惫不堪。现实中，他们毅力欠佳，这与 AB 型血的人的惰性、稍欠毅力特征有一定关系。

第五节　性格类型测试

现实中，很多人都喜欢进行性格类型测试。当测试完毕后，他们都会根据测试结果判断自己究竟属于哪种性格类型。然而，有时候他们又会心生疑虑：究竟自己属于孔雀型性格，还是属于猎犬型性格？因为他们发现自己的性格在这两方面都有所体现，只不过是体现得多与少而已。

实际上，性格类型测试只是一种简单的心理测试，它是对大多数人的性格进行综合性分析后进行的简单性测试，没必要对其过分在意。所以，有些人为此而疑虑，是没必要的。

一般情况下，难以认定自己的性格类型，其原因主要是以下几种：

1. 测试前提前进行心理暗示

在进行心理测试前，都会预设这样一个前提：你回答问题必须出于本真，回答真实。虽然我们心知肚明，都知道什么样的答案才是适合自己的。可是有时候我们会违背自己的真实感受，选择违心的答案。

小张所在的公司计划进行一次员工性格心理测试，计划根据心理测试了解一下员工不同的性格类型，以便于在进行工作安排时考虑不同的工作岗位。

这样一种心理测试，因提前存在一定的目的性，所以大多数员工在测试前都会有一种心理暗示。雄鹰型性格者往往目的性强，工作效率高，喜欢争强好胜，这种类型的员工是受到企业欢迎的。因此，在进行心理测试时，很多人都会让自己向这方面靠拢。这样，平时实际中表现出非雄鹰型性格的员工也会在测试中表现出体现雄鹰型性格的特征。这样的话，测试结果就会偏离事实真相。

如果想要了解真正的自我，那么测试前就必须回归本真，不受到任何外界的影响，呈现出最本真的自我，依自己的内心开展最真实的表白。这样的话，自己的内心才会最真实，测试的结果才会最准确。

2. 担心测试结果让别人了解自己的真实想法

一般情况下，人的性格按照动物特性分为蚂蚁型、猎犬型、雄鹰型、天鹅型和野兔型等。其中蚂蚁型性格的人属于完美型人，凡事追求认真，爱较真；猎犬型的人忠诚度高，乐于奉献；雄鹰型性格的人功利性强，注重效率；天鹅型性格的人喜欢浪漫，务实性差；野兔型性格的人做事谨慎，谨小慎微。

很多人在进行心理测试后，都希望自己的性格得到别人良好的评价，都希望自己在外人面前呈现出好的一面。所以，他们往往不希望通过测试体现出他们真实的内心，不希望以此暴露出自己的不好的性格。因此，在进行测试的时候，如果他平时属于天鹅型的性格，那么他就会刻意回避适合自己的选项，防止别人知晓自己的动手能力差。

其实，世界上没有绝对的对与错，性格也没有绝对的好与坏。不同性格类型的人有不同的优点和缺点。比如雄鹰型性格的人虽然喜欢争强好胜，功利性强，可是他们不论做任何事情都特别有恒心、毅力强。他们的这一点值得天鹅型性格的人学习。然而，雄鹰型性格的人如果过分在意最终结果，没有天鹅型性格的人的天真烂漫，往往会因事情结果难以达到心理预期而心生怨恨，产生不满情绪。

因此，我们要清楚，每种性格都有优势和劣势。我们之所以进行心理测试，了解自己最真实的心理特征，最终目的是为了了解自己的真实内心，弄清自己的真实本性，知晓自己的性格优劣，进而对自己今后的具体行为进行不同程度的调整。

3. 通过后天实践调整自我

我们每个人的性格都不是一成不变的，都需要自己根据自己的实际情况进行适当的调整和改变。

很简单的例子，我们经常会在电视上或者现实中看到马戏团里面的动物表现出与普通动物不一样的特征。比如，小狗会在驯兽师的指挥下表演魔术；平时凶猛的狮子也没有了往日的凶猛，变得十分温顺。

对于员工而言，公司要求每一位员工必须遵纪守法，执行力强，做事一丝不苟，少推卸责任。对照以上的性格特征，我们会发现，公司喜欢蚂蚁型性格者和野兔型性格者。因为他们忠诚度高，做事踏实认真。

在心理测试中，如果没有选择真正属于适合你的答案，那么最终的结果便会出现偏差，造成结果失灵。所以在进行心理测试前，每个人必须严肃认真，正确对待，这样才能找出最真实的自我。

有时候，你还会发现，在不同性格的特征中你都能看到自己的影子。比如平时你办事一丝不苟、追求完美，这是属于蚂蚁型性格的人；而日常生活中，你又经常乐于助人，希望帮助他人，这又是猎犬型人的性格所在。

心理测试最终目的是为了探求自己的本源，了解自己的内心，清楚自己的优劣。所以首先要有勇气去面对一切对与错。或许你很注重面子，很在意别人的评价，那么请放下你所有的心理包袱，来一次真正的心理测试。只有这样，你才会正视现实，才会对自己有最透彻的了解。

第二章

人际交往心理学

第一节　第一印象很关键

　　张华和李楠是同班同学，他们即将大学毕业，对于他们而言，迫在眉睫的事情是赶紧找到一份适合自己的工作。于是他们经常出入各个大型招聘会，向心仪的单位投送个人简历。最终他们俩同时被一家食品公司看中，通知他们去公司面试。

　　当张华和李楠同时到食品公司面试时，他们的结果大相径庭，张华最终被录用，李楠则被淘汰。原因很简单，张华在面试时身着正装，面试时侃侃而谈，谈了自己对应聘职位的理解和规划，给用人单位留下良好的第一印象。而李楠则不然，他对面试并没有进行充分的准备，这直接导致他在面试时心里过分紧张，并没有充分展示自己的才能，没有给用人单位留下好印象。

　　对于面试者而言，第一印象十分关键。如果一开始应聘者没有给用人单位留下很好的印象，那么他失去工作的概率会很大。对于应聘者而言，能让面试官产生耳目一新的印象是十分关键的。因此，应聘者要抓住一切机会向用人单位展示自己的才能，给对方留下良好的印象。

　　在面试过程中，大多数用人单位需要应聘者在短时间内说清楚他的优势和劣势。因此，应聘者既不能夸夸其谈，过分吹嘘自己的能力和水平，让用人单位看穿自己，也不能过分紧张，没有将自己的能力和水平简明扼要地进行介绍。

当用人单位认为应聘者的能力不错，综合素质高，他就会将应聘者作为重点对象。哪怕自己的背景和条件比不上别人，只要你给用人单位留下良好印象，相信在以后有其他工作机会的时候，用人单位也会充分考虑的。

从心理学角度讲，人与人在进行交往的时候，第一时间给对方留下的印象十分关键，被称作"第一印象效应"。

第一印象效应，又被称为"首因效应"，指的是一般情况下，人们会比较注重最开始得到的信息，并且因此做出一定的判断。

第一印象通常表现在一个人的性别、年龄、穿着、礼仪以及面部表情等方面。它们是一个人内在素质和性格的外在表现。

然而，有些人则会认为，光凭第一印象就对一个人做出综合判断，难免会让对方觉得以貌取人，造成对人才资源的浪费。

心理专家曾经做过这样一个试验。故事的主人公名叫吉姆，故事分别有两段，上半段吉姆是一个性格开朗的孩子；下半段他是一个沉默寡言的孩子。

上半段故事中，吉姆和几个朋友一起去学校附近的文具店买东西。由于文具店里面挤满人，他需要排队等一段时间。中间他遇到自己熟悉的几个人，于是他们便热聊起来。

下半段故事中，吉姆来到了一家糖果店。同样店里还是有很多人，他同样还是遇到了熟悉的人，然而这次他只是寒暄地打了声招呼，随后便耐心等待售货员的注意。等轮到他后，他买了些糖果便离开了。

以上两段故事中，吉姆呈现出不同的性格。然而，调查显示，绝大多数人认为吉姆是外向型性格。由此可见，首先接触到的信息会更直接影响对人的认识。

对于第一印象效应，人们往往更多关注最先得到的信息产生的影响，进而忽视后来的信息；另外人们会普遍认为，后面得到的信息远远没有最先得到的信息重要。

一个人给他人的第一印象集中体现在穿着和行为举止两方面。只要在穿着上下功夫，衣服颜色搭配到位，言谈举止注意礼貌，懂得谦让，那么一般情况下都会给别人留下很好的第一印象。

日常生活中，有的人不注重自己的服饰，总是不修边幅。然而到了一个新环境，如果不注重自己的衣着，做不到仪表得体，往往会给别人留下不良的印象。调查显示，如果一个人平时注重个人形象和穿着，在应聘工作中，他的工资要比不注意形象的人高出 10% 左右。

心理学家曾经做过这样一个实验：他们分别安排四个人到马路边进行搭车。这四个人中，一个是英俊潇洒、穿着整齐的青年人；一个是打扮时尚、青春靓丽的职业女性；一个是邋里邋遢、头发蓬松的男青年；一个是手里挎篮子、愁眉苦脸的中年妇女。最终，前两位搭车成功的概率很高；而后两位则比较困难。

很多人会对以上结果提出质疑：这难道不是以貌取人吗？难道只有穿着得体、打扮时尚的应聘者才有机会得到良好的机会和待遇吗？

其实答案正是如此。这充分说明在人际交往中一个人留给对方的第一印象的重要性。众所周知，第一印象是很重要的，而一项调查表明，当初次见面时，绝大多数的人都会对对方的第一印象记忆深刻。而这很大程度上都取决于他的外貌。如果一个人外貌大方得体，干净利索，那么一定会给对方留下好印象。

除了外貌，一个人的气质也是十分重要的。气质是一个人在言谈举止、穿衣打扮、言语声调等方面的综合体现。它主要表现在内心世界的丰富性上。一个人必须要有理想和追求，内心充实，奋发有为，他才能充分发挥自己的主观能动性，体现人生的价值。

另外，气质更注重一个人的品性道德。只有做人诚信、心地善良、踏实认真，他才能在通往成功的道路上不懈拼搏，实现人生的辉煌。

气质还体现在一个人的性格上。凡事要少一些急躁，多一分耐心；少一些套路，多一点真诚；少一些承诺，多一份行动。平时与人交流时，要简明扼要，不要啰啰唆唆；别人讲话时，要多倾听，不能随意打断。平时答应别人的事情，一定要信守承诺，说到做到。

总之，一个人要想给别人留下好印象，一方面要注重自己的外貌，另一方面要加强自己的修养，增强自己的气质。

第二节　如何留下好印象

职场中，和陌生的人开始打交道，如何给别人留下良好的印象至关重要。这不仅有助于日后进行良好深入的合作，更有助于自己各项工作的有效开展。那么如何才能给别人留下良好的印象呢？

首先，着装打扮要整洁。

俗话讲，人靠衣装马靠鞍。因此，平时必须注重自己的着装打扮。这并不是要求过分追求时髦和名牌，而是指穿着要得体大方、干净利落。

其次，言行举止要得体。

在与人交往时，一个人的言谈举止不仅体现出个人的精神面貌，更体现出他的综合素质。具体而言，指的是站有站相，坐有坐相，走有走相。

站有站相，指的是站姿，具体为站立时头要正，两眼平视，双肩持平，略向后张，挺胸收腹，脚跟并拢，要给人精神饱满的印象。这不仅会让别人感到仪态优美，更有助于个人的身体成长。

坐有坐相，指的是坐姿，具体为坐端正，坐如钟，当身后没有靠背的时候，上身要挺直，两臂要下垂，两脚要落地，做到与肩同宽。具体到男女，男士要稍微分开两腿，同时手要轻轻放在两腿之上；女士则要闭合两腿，左手要放在左腿上，右手则放在左手上。

走有走相，指的是走路姿势，具体为眼睛要平视前方，胸部和腰部要挺直，小腹要微微收起，臀部要向后突起，行走时要有一定的速率，不急不慢，得体大方。

不学礼，无以立。以上的坐姿、站姿、走姿，贵在平时落实。只有养成良好的习惯，才能在具体生活中真正做到站有站相，坐有坐相，走有走相。

最后，学会赞美他人。

现实中，每个人都希望自己得到别人的赞美。因此，在与人交往时，要善于发现别人的长处，多讲几句表扬别人的话语。因为每个人都爱听表扬的话，都希望自己得到别人的正面评价。这样不仅会拉近双方的距离，更会增进双方的友谊和团结。

关于赞美他人的方式，主要有以下几种：

1. 直接夸奖。顾名思义，发现别人的长处并直接说出来。比如当你和老友相见，你说道："今天你的气色很不错。"这虽然是一句很客套的话，可是会让对方感到心情愉悦、心旷神怡。

2. 反向表扬。当别人出现错误的时候，如果直接批评与指责，会让对方感到很尴尬，而如果进行反向赞美，就可以避免尴尬。比如有一次，小范并没有按照领导的要求及时提交周报邮件。领导知道后，并没有直接指出他的错误，而是这样说道："小范，今后工作要认真踏实，办事要有时效性。"虽然领导没有直接指出小范工作中的失误，可是他却暗中道明。为此小范感到很不好意思，此后在提交周报的时候总是十分及时。

3. 意外表扬。有时候出乎意料的表扬，会让对方感到很惊讶，给对方带来意外的惊喜。当然，这要求平时多留意生活中的细微之处，多去发现别人的长处。

戴尔·卡耐基在其著作《人性的弱点》中讲到这样一个故事：有一天，他去邮局邮寄一份挂号信，可是当天邮局收发员的态度不是很好，服务意识很差。可卡耐基并没有直接批评对方，而是这样赞美道："我实在希望也和你一样拥有如此漂亮的长发。"卡耐基的一番话顿时让收发员感到有些羞愧，立马为卡耐基办理邮寄快递的手续。

4. 肯定表扬。在日常生活中，每个人都期盼自己得到别人的认可和赞美。因此，如果你发现并表扬对方的长处，会让对方感到很欣喜。

赞美别人是平时生活中必不可少的，但要遵循实事求是、措辞恰当、热情大方、因人而异的原则，切记不能脱离现实、过分浮夸。

第三节　要学会善于倾听

一天，公司人事经理小杨发现自己的同事小张脸色很苍白，整天一副心不在焉的样子。于是趁着中午吃饭的时间，为表示对小张的关心，小杨询问道：

"小张，最近你遇到什么烦心事了？怎么脸色这么不好呀？"

"嗨！最近家里事情比较多，我老婆一直和我闹离婚呢？"

于是小张向小杨详细述说最近他和妻子的矛盾。最后他问道："你说遇上这样的老婆，我是不是应该选择离婚呀！"

小杨深知，夫妻生活难免有摩擦，尤其是涉及离婚的事情，绝对不能乱出主意，于是他并没有表态，只是选择了聆听。

没想到过了几天，小张神采奕奕地找到小杨，告诉他他们夫妻俩和好了。

其实，以上这件事情，小杨什么主意也没出，只是十分真诚友好地倾听，而他用自己的耐心给了小张思考的空间，让他从非理智转向理智。

在日常交流中，很多人都喜欢侃侃而谈，表达自己的见解和主张。然而有时候，选择沉默、善于倾听也是人际交往中高明的策略。

善于倾听是一种艺术。为了尊重对方，首先要认真倾听对方的讲话。这样不仅可以消除双方之间的距离感，自己还会从对方的讲话中汲取营养，有益于自己人生的成长。

调查表明，现实中善于倾听的人往往会有更好的人缘，在事业上会取得更好的成绩。比如销售人员在向顾客介绍自己的产品的时候，面对顾客对产品提出的种种疑问，销售人员总是很有耐心地去倾听，表示出对对方的关切。这样顾客就会对产品产生浓厚的兴趣，感到十分满意。长此以往，销售人员的销售业绩一定会有突飞猛进的增长。

总之，善于倾听的人会建立起良好融洽的人际关系圈，为自己人生的成功提供更多的机会。难怪上苍创造人类的时候，让人拥有一张嘴、两个耳朵，原来是为了让我们更多地去倾听。

国外有一项实验，实验对象是接受过同样培训的销售人员。调查者将其中成绩最突出的和最差的作为参照对象，重点研究他们在销售过程中与顾客的交流时间。

一般情况下，大家都会认为销售成绩突出者一定会很详尽地介绍公司产品，与顾客交流时间一定会很长。然而结果出乎意料，销售成绩突出者与顾客沟通的时间竟然短于销售最差者。

原来，销售成绩突出者之所以说得少，是因为他们把更多的时间交给了顾客，他们用更多的时间选择了倾听。这样的话，他们会对顾客对产品的意见有更多的了解，会采取更有效的措施处理顾客的问题，这样他们便会取得更优异的成绩。

日本知名企业家松下幸之助认为，作为领导，必须要多听下属对工作提出的建议。因为他们工作在一线，对工作有更深入的了解，对提高工作效率有更透彻的认识。所以多去倾听下属的意见，并根据他们的建议对公司制度做出一定的调整，这样会极大地调动员工的积极性，为企业创造更大的财富。相反，如果企业领导对下属提出的建议不闻不问，时间一长，下属便不愿意提出自己的意见，企业便不会有朝气蓬勃的氛围，不会有长足的发展。

善于倾听的人往往人缘不错，因为他们把更多时间交给对方，愿意花时间去听取对方的谈话。然而有人会提出质疑，如果对方所讲的是自己并不关心和不感兴趣的话题呢？其实，只要你多问几个为什么，提出你自己的疑问，对方会很有耐心地给你进行解释，深入浅出地把你带入到相互熟悉的领域。

有一次，卡耐基到一位友人家做客，对方是研究植物的知名专家。一晚上，友人详细地向卡耐基介绍世界上千奇百怪的植物，而卡耐基则听得十分投入，不时提出自己对植物的问题。而友人则很有耐心地向他解释关于植物的各类问题。没想到时间过得很快，等他们结束交谈的时候，发现已经是深夜了。卡耐基临走前，友人紧紧握着他的手，对他表示由衷的感谢。

在与人沟通的过程中，善于倾听的人往往具有良好的综合素质。他们认真耐心，能乐对方之乐，忧对方之忧；他们理解他人，对于别人的不足之处往往选择原谅；他们耐性十足，可以长时间听取对方的讲话；他们互动性强，对于别人的精彩讲话不时点头示意；对于别人讲话中难以理解的部分，他们会不时提出自己的疑问，及时向对方请教。

正因具备以上多种素质，善于倾听的人往往可以结交社会上很多优秀的人才。不论遇到什么样的人，他们都可以与之推诚相见，与别人进行倾心交流。很多时候，别人平时不愿意和他人所讲的话语，都会和他们进行交谈，都会将自己心中的苦闷和烦恼对他们娓娓道来。

同时，善于倾听的人往往还是谦逊之人。试想一个自高自傲、心胸狭窄的人很难得到其他人的真心，很难得到别人的尊重和欢迎。

那么在相互交流的过程中，倾听者应该有什么注意事项呢？

其实，当你认真倾听对方讲话的时候，对方也会注意你的一举一动，而只有产生良好的互动，相互的交流才会更加顺畅。在交流过程中，倾听者要保持和对方目光的接触，表示自己正在认真倾听；同时还应不时用笔进行记录，记下笔记。同时，倾听者必须耐心听取对方的讲话，千万不能随意打断别人的讲话。另外，倾听者还应用点头或者加上"我知道"、"我明白"等话语表示对对方讲话的反馈。

作为倾听者，在不同的场合选择不同的插话，往往会获得良好的效果。

比如在交流过程中，讲话者会选择双方都感兴趣的话题进行交谈。而选择的话题双方是否感兴趣，在讲话者并不了解的情况下，他会对倾听者进行询问，而倾听者必须做出一定的回答："对于这个话题，我十分希望得到您详尽的讲解。"

当你讲出这句话时，你在向对方传递一个信息：你对对方的讲话十分感兴趣，对方会消除心中的疑虑，进而会更加自信地展开双方的谈话。

总之，善于倾听不仅是一门艺术，更是一门学问，需要倾听者长时间进行学习。相信只要你用心倾听，一定会架起双方之间心灵的桥梁，让双方之间的关系更加融洽顺畅。

第四节　学会自我欣赏

新学期开始，一名教育专家到一个班级调研。调研结束后，专家随意挑选了班里十名学生，要求老师当作重点培养对象。于是平时老师们总是认为他们是非常优秀的，总是以欣赏的目光对待他们。一学期结束后，这些学生的成绩进步很快，取得了十分优异的成绩。

于是这个班级的班主任向教育专家请教教育秘诀。教育专家告诉老师，其实他是随意指定的，并不存在任何秘诀。这令班主任大惑不解。专家解释道，其实每一个孩子都是可造之才，只要你以欣赏的眼光对待和激励他们，他们的改变一定会令老师刮目相看。

现实中，很多人都希望自己得到别人的认可和喜欢。那么，首先一个人要懂得自我欣赏。你是独一无二的，你就是你，无法复制的你。你只能以自己的方式去歌唱，以自己的方式去绘画，以自己的方式在世界上立足。不论人生好与坏，你只能在自己的田地里耕耘，在自己的生命乐章中奏响自己的音符。

世界上每个人都是独立存在的个体。要想在竞争激烈的社会上独领风骚，领先他人，首先必须相信自我。如果整天一味依赖他人，等着天下掉馅饼，那只能是天方夜谭。

面对困难，我们无力改变现实，改变别人对自己的偏见，我们唯一可以控制的只有我们自己。哪怕是遭遇恶劣的环境，你也要清楚地认识到，一切都是暂时的，不要忧伤，不要心急。"忧郁的日子里需要镇静，相信吧，快乐的日子即将来临。心儿永远向往着未来，现在却常是忧郁。一切都是瞬息，一切都将会过去，而那过去了的，都会成为亲切的回忆。"

世界上每个人身上的特点都是独一无二的，犹如世界上存在的每一块宝石，上面既有斑斓的光芒，也会有令人遗憾的瑕疵。你自己要懂得欣赏自己，同时更应懂得正视自己，既不能过分低估自己，也不能孤高自傲。

对于现实中存在的困难，只有直面现实，分析利弊，才能让自己更清楚地提出应对困难的解决策略，才能让自己尽快解决难题，尽快到达成功的彼岸。

人生自古多磨难，世事向来多挫折。可是，只要你懂得自我欣赏，你就会恍然发现，原来成功并非自己想象中的那么困难，只要掌握了通往成功道路的方法，获得成功后的幸福和快乐就是如此轻松愉悦的一件事情。

挫折只是自己漫长人生中激起的一点涟漪，是生命音符中的一个插曲。只要我们学会吃苦，当获得成功时，你会发现原来一切的付出都是值得的，暂时的忍耐只是为了赢得更多的机会。

欣赏自己，绝对不是盲目自信、唯我独尊，而是要客观认识自己，意识到自己存在的缺点，坦然接受和面对现实。

欣赏自己，会让自己变得更加豁达。因为人世间你唯一能够左右和改变的只有自己。不论以前的你曾经多么自卑和颓废，过去的已经成为历史，如同已经翻过去的日历，永远不会再来。而你唯一能够把握和利用的只有现在。因此，你必须懂得欣赏自己，你要告诉自己，你必须对自己的现状进行清楚的了解和认识，你不能轻易成为失败的奴隶。哪怕自己遭遇暂时的失败，你也必须认识到，失败是一时的，你会从中学到宝贵的经验，让自己变得更加强大。

欣赏自己，犹如拥有了获得快乐的黄金钥匙，既不是自我陶醉，更不是故步自封，而是要学会自己相信自己，平时给自己多一份自信和鼓励，让自己学会换个角度看问题。如果一味消极地看待问题，就会让自己整天变得郁闷，而选择积极应对，你就会发现柳暗花明，阳光依然明媚。所以换一种心态，你就会获得积极向上的动力和力量，就会充满活力地去迎接挑战。

印度诗人泰戈尔认为，只有经过地狱般的磨炼，才能焕发出创造天堂的力量。当你感到迷茫和失落的时候，你一定要坚信，只要你选择坚持，做一个平和乐观的人，用微笑面对一切困难，那么成功便离你不远了。

对于企业而言，欣赏自己的员工，既是对员工的肯定与信任，更会激励员工奋发向上、勇于拼搏。或许领导一段激励的话语就会大大增强员工的自信心和上进心，进而为企业创造更大的财富。

作为世界知名品牌，为了激励员工，玫琳凯公司多年来一直奉行一种政策，为每年销售领域的冠军举行表彰大会。会场上，销售冠军会上台进行亮相，现场所有人会高喊他的名字。这会让员工有无比的自豪感和荣誉感，让员工深刻感受到自己在销售一线的任何付出都是值得的。这会极大增强员工对企业的使命感和责任感，让员工效忠于企业，与企业共发展。

如今，很多企业总是认为，既然公司和员工签订了劳动合同，员工对企业的一切付出都是理所应当、天经地义的，从来不对员工进行精神激励。这样的企业，时间一长，就会让员工失去归属感，在具体工作中员工就会失去动力和热情。如果有其他合适的机会，他们一定会选择离开、另谋高就。

如果企业能够以欣赏的态度去对待每一位员工，从不轻视和忽略他们，更多时候给予员工的是激励和赞赏，真正做到关心员工，企业就会形成朝气蓬勃、欣欣向荣的氛围。

第五节　获得别人的喜欢

现实中，每个人都希望自己获得别人的喜欢。然而真正做到却难上加难。因为世界上金无足赤，人无完人。我们每天面对和接触形形色色的人，面对同样一个问题，你所选择的办事方式不一定会获得所有人的认可和赞同。而如果学会以下几个小技巧，你会发现，你和对方之间的距离会越来越近，你会因此获得更多人的好评。

1. 多向别人请教

现实中，不论做任何事情，都要保持谦逊之心，凡事多向别人请教，换个角度考虑问题，有助于消除双方之间的隔膜。

有一次，美国政治家富兰克林希望自己得到国会一位议员的帮助。可是让他感到苦恼的是这位议员的性格有些古怪，平时很少有人和他来往。

后来富兰克林想到一个好办法。他知道这位议员喜欢藏书，他的图书馆中有一本绝版书籍。于是他主动联系议员，希望自己能借那本书看几天。没想到这位议员很爽快地答应了他。等到他还书的时候，他才发现，原来议员并没有他之前想象的那么固执，而且对方十分有礼貌。

于是他总结道，曾经给你提供帮助的人往往比你曾经提供帮助的人更愿意帮你。换个说法，如果你平时多向别人请教，那么你一定会获得他人的喜欢。俄国作家列夫·托尔斯泰有句名言正好印证了这个说法："我们并不因为别人对我们好而爱他们，而是因为自己对他们好而爱他们。"

要想获得别人的喜欢，最好的办法是让别人帮助你，这在心理学上称作是"富兰克林效应"。一般情况下，人们获得快乐的最佳途径是遵从自己的感觉，如果从中尝到了快乐，他们就会以微笑表示。如果他认为对方充满魅力，他们会十分关注对方，在意对方对自己的评价。

2. 懂得尊重他人

人际交往中，那些人缘好的人往往都有一个共性：懂得尊重他人。这是人际关系中最重要的原则。

尊重他人是为人处世的高尚美德，是一个人修养的外在表现方式，集中反映了一个人的综合素质。因此在实际生活中，我们对待身边每一个人都要践行尊重。因为每个人都希望自己得到别人的尊重。同时尊重他人也是尊重自己。

然而现实中，不尊重他人的现象时有发生。很多人在与人交往时经常以自我为主，我行我素，从不顾及别人的感受，从不站在别人的角度考虑问题；在与人交流时总是自己在讲话，从不给别人说话的空间；当别人在讲话的时候显示出一副心不在焉的样子；当别人给自己提出建议的时候，总是表现出抵触的情绪。以上种种行为都是不尊重他人的具体表现。

另外，我们还经常会遇到他人伤及自己自尊的事情。当自己遇到这样的情况时，究竟是以牙还牙还是选择原谅，取决于你自己的选择。

我们在日常学习、工作和生活中，难免会遇到对方有意或无意做了伤害你的事情，在这种情况下，你是以其人之道还治其人之身，还是以宽容的态度原谅对方？如果你能换一个角度思考这个问题，以别人难以达到的大度和宽阔的胸怀来对待处理，那么你的形象就会高大起来，你的宽容和大度就会让你的人格折射出更加高尚的光芒来。这样你就会获得更多的尊重，在今后的学习、工作和生活中他们也一定会加倍回报你的。

3. 关注细微之处

转眼之间，郑毅已经大学毕业五年了。五年来，他一直在一家上市公司的销售部工作。一开始，他仅仅是一名普通的销售专员，可是短短几年时间内，他已经成长为销售副总。他的进步如此之快，归功于他平时工作的用心和努力，更归功于他注重细节，为自己赢取了更多发展的机会。

有段时间，公司的销售业绩遇到了瓶颈期，迟迟没有很大的突破。这令公司高层十分犯愁。而郑毅凭借自己从事销售工作的经验，认为公司销售业绩很难提高，与公司产品消费群体定位不准有很大的关系。

于是，郑毅根据自己的经验，为公司策划了一份销售工作规划。因为他最了解一线市场，他在销售过程中，注意到一个细节。那就是他们的产品在中老年人群中格外受欢迎。然而，他们的产品并没有突出这个消费群体。于是，他在自己的工作计划中突出强调了要专门研发一款面向中老年人群的产品。因为这是他们产品的优势。

在郑毅的提议下，公司领导决定采纳他的意见，最终他的这个建议取得了良好的效果，为公司的发展提供了可鉴之处。而他也凭借突出的表现直接被公司任命为销售副总。

现实中，如果想对别人产生深远的影响，那么就应该从对方最细微的需求出发。这样不仅会满足对方的需求，而且会为长远的发展提供更多的机会。

一家销售公司曾经有一名员工因为忽视细节，最终失去了晋升为经理的机会。原本，公司领导层已经对他的任命达成了共识，计划任命他为经理。可是就在即将任命的前一周，在公司一次重要会议上，他没有按照公司要求身着正装，让公司领导对他产生了意见，直接取消了对他任命为经理的命令。

这个年轻人实在是太可惜了。他仅仅因为穿着问题，让自己错失了晋升的机会，实在让人感到惋惜。不过这和他在日常生活中不注意个人细节有很大的关系。

现实交往中，每个人都有不同的爱好和习惯。聪明之人往往会关注他人的细节，并将他们的细节牢记心中。他们会通过帮助对方完成细节工作博得对方的好感，有助于双方之间建立良好的关系。

第六节 改变人生的性格

现实中，很多人一开始都是在同一起跑线上，然而过了五年或十年，他们的身份和地位会出现天壤之别。有的人通过自身的不懈努力跻身为社会领域的佼佼者，成为把握时代脉搏的弄潮儿；而有的人则依然是芸芸众生，事业不见什么起色。

为什么别人可以成功，飞黄腾达，而你却碌碌无为，一事无成呢？这差距和性格有关。心理学专家认为，能够塑造卓越性格的基石是自信、拼搏、谦虚、细节、珍惜时间和思考。

1. 人生贵在有自信

著名科学家爱因斯坦认为，自信是迈向成功的第一步。的确，一个人不论做任何事情，首先最重要的是要对自己有信心。

"一个人是否有成就只要看他是否有自尊心和自信心。"这更直接阐述了自信心在成功学中的重要性。不论做任何事情，如果没有了信心，那么一切都是空谈。而拥有自信，就会产生前进的动力，就会在自己的人生舞台上发挥作用，大放异彩。

自信是不到成功决不罢休的信念，有助于陶冶人的情操，是人生不断走向成熟的途径。从古至今，凡是仁人志士，都具备一个鲜明的特征，那便是自信。正是自信让他们产生了巨大的动力，激励他们不断前进，迈向成功。

小泽征尔是日本交响乐界鼎鼎有名的人物，而他的真正出名源于一场指挥家比赛。

在一次著名指挥家比赛中，小泽征尔和其他选手一样要按照比赛评委会提供的乐谱进行比赛。如果在平时，他一定会严格按照评委会提供的乐谱进行演奏。因为他认为评委会的专家一定都是业界赫赫有名的人物，一定是经过严格审核才提供给他们的准确无误的乐谱。

可是，比赛中他却发现自己使用的乐谱存在着问题。开始，他以为这是乐队演奏的问题，仔细分析后，他觉得是乐谱的问题。为确保演出如期进行，他当场提出了自己心中的疑惑。然而，评委会却坚称乐谱十分正确。

面对权威们的逼人气势，小泽征尔依然坚信自己的判断是正确的。最后，令大家感到意外的是，这竟然是评委会特意的"安排"。

原来，这是评委会专家为考验选手的专业知识水平特意设立的考题。之前，有几位选手指挥水平都不错，可是他们在指挥过程中没有意识到所犯的小错误，最后被淘汰。

正是对自己专业水平的高度自信，小泽征尔才做出乐谱存在瑕疵的判断。事实证明，小泽征尔的判断是准确无误的。

由此可见，自信是人内心中最强大的力量。它有助于人们树立战胜困难的决心，鼓励自己不断前进。难怪高尔基曾经说，只有满怀信心的人，才能在任何地方把自己沉浸在生活中，并实现自我的理想。克服困难，迎难而上，不仅有助于我们解决难题，更会在不断实践中增强我们的判断力，强化我们的自信。

每个人的人生需要永不休止的奋斗，而通往成功的道路上往往充满各种各样的艰难险阻，最困难时自己往往会步履维艰，寸步难行。

而只要你心中满怀自信，就会在逆境中坦然面对一切，你一定会走出阴霾，内心会豁然开朗，登上风光无限的险峰。

树立自信，最重要的是要学会克服心中的障碍，放下心灵的包袱。另外，培养自信心要掌握尺度。既不能沾沾自喜，自以为是，傲气十足；也不能刚愎自用，狂妄自大，孤芳自赏。

树立自信，有助于点燃人生的希望之火，创造人生的美好生活，谱写事业的辉煌篇章。只有这样，人生才会愈挫弥坚，用顽强的自信心强化自己，不断化解难题，获得人生道路上一个个成功。

人生无论做任何事情，都需要自信。自己的任何事情，都要自主去完成，千万不能依赖别人，靠别人施舍。自己必须通过自信在实践中磨炼自己，埋头苦干。

2. 人生要顽强拼搏

人的一生总是充满荆棘和坎坷，不可能一帆风顺。面对人生的困难和挫折，有的人选择了逃避和放弃，而有的人则会凭借自己的顽强拼搏勇于战胜困难。

世界上，没有任何一个人不遭受挫折和失败就获得成功。每个人的一生都会或多或少遇到难处。而成功的希望也蕴含在这些挫折和难处之中。只要你用心挖掘，勇于拼搏，就一定会从中获得成功的金钥匙。因此，一个人若想获得成功，必须从拼搏奋进中获取力量。

世界上有这样一位勇士，名叫海明威。当他面对人生的种种磨难时，他从来没有想过放弃，而是凭借自己顽强的努力渡过难关。

海明威还在少年的时候，开始学习拳击。当他第一次开始训练的时候，由于缺乏经验，他被对方打得鼻青脸肿，被打倒在地。面对疼痛，他第二天照样裹着纱布上场。不久之后，他在另外一次训练中弄伤了眼睛，自此以后，他的左眼失去了视力，再也没有恢复。等到他有朝一日走向战场的时候，他不幸被炮弹击伤，他的头部、胸部等都被炸坏了，鲜血直流。有的弹片根本无法取出，只好保留体内。

海明威热爱写作，他将自己的稿件寄给报社，希望文章得以发表。可不幸的是，他收到了对方的退稿信。这之后，他无数次地投稿，遭遇无数次的退稿信，可是他从来没有放弃，而是选择继续投稿。功夫不负有心人，他的第一部作品《永别了，武器》终于发表，获得了巨大的成功。后来，他陆续发表了《非洲的青山》《丧钟为谁而鸣》等脍炙人口的作品，最终获得了诺贝尔文学奖。

海明威之所以获得举世瞩目的成就，正是源于他顽强拼搏、不屈不挠的性格。每当他遭遇不幸，遇到前所未有的阻碍，他从不言败，从不灰心，而是凭借顽强的意志和坚忍的耐力去坚持，和困难做殊死搏斗，最终取得了成功。

凡是成功者，都会经历各种各样的挫折。面对挫折，需要的是顽强拼搏的意志。因此，每个人要想获得事业上的成功，取得突出的成绩，就必须牢牢把握每一个机会，用顽强的意志迎接人生的每一个挑战，进而赢得自己精彩的人生。

拿破仑一世说："我们应当努力奋斗，有所作为。这样，我们就可以说，我们没有虚度年华，并有可能在时间的沙滩上留下我们的足迹。"人的一生，要想改变命运，必须有顽强拼搏的精神和克服万难的决心。然而，现实是残酷的，如果不时刻保持警惕，没有做好接受现实考验的准备，等待你的只能是失败。

人生是战场，需要冲刺，需要拼搏。如果不去努力和付出，等待自己的只能是失败。只有朝着自己的计划和目标顽强拼搏和付出，才会有成功的时刻，人生的幸福和快乐才会属于你。

3. 时刻保持谦虚

爱因斯坦是世界上伟大的科学家，他通过自己的潜心努力，提出"相对论"的概念，为科学做出了不可磨灭的贡献。他之所以能够取得举世瞩目的成绩，和他坚持不懈的学习有很大的关系。

有一次，有人问他："您现在是物理界的泰斗级人物了，可是为什么还要不停地学习呢？"爱因斯坦听后并没有马上回答，他从自己的抽屉里拿出一支笔和一张纸，在纸上画了两个圆，分别是一个大圆和一个小圆。他指着这两个圆，说道："你看，以我熟知的物理界为例，比如你所知晓的知识是这个小圆，而我所知晓的是个大圆。而所有物理学的知识是无穷无尽的。小圆周长短，它与未知领域的接触面小，因此你所感受到自己的未知少；而我所知的大圆与外界接触的这一周更长，所以我感觉到的未知的知识更多。所以我每天更要用心学习和研究。"

作为世界上赫赫有名的科学家，爱因斯坦都如此谦虚。而作为后生晚辈，我们更应谦虚做人，低调做事。

古往今来，凡是取得成就之人，往往都是谦虚之人。因为他们很清楚，虽然自己小有名气，可是那仅仅局限于自己所在的领域。世界上没有任何一个人敢说自己已经熟知世界上所有事物了。所以每个人生命有限，而知识的海洋却是无穷无尽的，更需要每个人持之以恒地坚持探索。

每个人都要保持谦虚，戒骄戒躁。因为面对世间万物，人类对其的认识都是一个由浅入深、循序渐进的过程。即使一个人有聪明的才智，也不可能掌握所有的知识和本领。所以每个人要保持谦逊的态度，要时刻养成学习的习惯。

科学家牛顿取得了令人瞩目的成绩，可是他平时总是这样形容自己：在知识的海洋里，我只不过是大海边的一个顽童，时不时地拾起沙滩上散落的珍珠和贝壳。当别人问他如何取得伟大的成绩时，他认为自己之所以比别人看得更远，是因为他站在巨人的肩膀上。

对于每个人而言，不论他对专业知识如何精通，经验如何丰富，面对错综复杂的世间万物，都必须始终保持谨慎谦虚的态度。只有这样，才能让自己保持一颗平常心，以坦诚务实的态度面对任何问题和困难。

《论语》中讲道，见贤思齐焉，见不贤而内自省也。凡是谦虚之人，都会耐心学习别人的优点，反思自己存在的问题。面对别人提出的意见和看法，他们往往能够耐心听取，虚心接受。

凡是谦虚的人，往往都有自知之明。他们能够根据客观现实制定符合实际的应对之策，能够客观理性地认识到自己身上的优点和缺点。

古人云："满招损，谦受益。"凡是谦虚之人，一定会懂得人生无止境，知识无止境。所以必须在有限的人生去无限的知识的海洋中探索和航行。俄国作家托尔斯泰做了一个很好的比喻："一个人就好像是一个分数，他的实际才能好比分子，而他对自己的估价就好比分母，分母越大，则分数值越小。"由此可见，每个人所学到的知识都是有限的，而人生对知识的追求却是无止境的。

即使一个人才华横溢，学富五车，也必须保持谦虚。只有保持谦虚的心态，才能让自己放宽心胸，博采众长，通过学习丰富自己的知识宝库，增强自己各方面的能力和本领，让自己在更多的领域有更多的发挥，进而取得更大的成就。

4. 不可忽视的细节

15 世纪，英国国王理查三世要进行一场殊死搏斗的战役。战前，他吩咐马夫要提前准备好战马，确保万无一失。平时每次出征前，马夫都要对战马及其配置进行细心的检查。结果，马夫发现出征战马的一个马掌上缺少一个钉子。一般情况下，马掌应该配置四个钉子。可是由于事态紧急，理查三世根本来不及等第四个钉子配好，便匆匆上了战场。

战斗马上就要开始，当国王骑马准备和对方的敌人搏杀时，不幸的事情发生了。战马忽然倒下了，国王被狠狠地摔在了地上，而其他人见国王倒下了以为大势已去，在慌乱之中逃之夭夭。敌军乘势追击，在战斗中俘虏了国王，获得了胜利。

此时此刻，国王有了最深刻的体会。原来战马之所以不幸倒下，是因为马掌缺少一个钉子。而正是这个钉子，最终导致国家的灭亡。最后，理查三世因此失去了整个国家。

根据以上故事，西方产生了一个民谣："丢了一颗铁钉，坏了一只蹄铁；坏了一只蹄铁，折了一匹战马；折了一匹战马，损了一位国王；损了一位国王，输了一场战争；输了一场战争，亡了一个帝国。"

现实中，大家会觉得细节是不足为奇的，不足挂齿。它犹如沙滩上的沙砾微不足道，经常被大家忽视。然而，每个人必须重视细节，不能轻视它，因为细节决定成败。

《玉泉子》中记载，吕元膺担任东都留守时，经常和寺庙的一位处士下棋。一天，正当两人对局的时候，朝廷突然来了公文。于是，吕元膺只好暂时抽开身去公案前批阅公文。没想到的是，那位棋友利用他不在的时候趁机偷偷挪动了一个棋子。吕元膺原本有赢的机会，可是被挪了棋子后，他没有了翻盘的机会，最终只能落败。

其实当吕元膺回来的时候，他早已看出对方挪动了棋子，只不过他没有当场说破。可是通过这件事，吕元膺觉得这位棋友不值得信任，于是第二天便请棋友到别处去谋生。临走时，他还赠送给对方一些钱物。

吕元膺认为棋友挪动棋子看似小事，可是却让别人发现了他的不诚信。诚信者，真诚守信之谓也，是每个人人生的无形资产。如果连最起码的诚信都做不到，这种人很难在世上立足。

一般情况下，对于挪动一个棋子，很多人都觉得这是不值一提的小事情，没必要过分认真。可是小事不小，小中能够见大。表面上是挪动棋子，实际上是他缺乏诚信的表现。诚信是人们相互交往最基本的道德，如果连最起码的诚信都得不到遵守，那么便会引发世间无数灾难和不幸。

现实生活中，我们必须注重细节。然而很多人在做事情的时候，总是忽略细节，总是认为细节是小问题，并不重要。其实正是这些小细节才是平时最容易出错的地方。因此注重细节，就要从点滴做起，从小事做起。

忽视细节的人，往往都是平时缺乏耐心和认真精神的人。他们平时遇到事情总是敷衍了事，根本不用心去做。如果总是抱着这种态度去办事，最终只能导致自己一事无成。所以要想改变自己，超越自我，就必须从细微的小事做起，改变自己忽视细节的问题和毛病。只有意识到细节的重要性，以精益求精的态度去面对生活和工作中的一切事情，养成注重细节的良好习惯，才能养成办事一丝不苟、精益求精的工作态度，为自己的职业生涯获得更多提高和晋升的机会。

我们必须清楚认识到，工作无小事。每个人的岗位不同，职责也不同，可是对于工作的态度必须同样认真。我们必须重视自己工作中的每件事情，认真完成每一件事情。滴水成河，任何事情都需要长期的积累。而对工作认真态度的养成，这个习惯需要每个人在长期的工作中培养。任何事情不可能朝夕之间形成，它需要长时间的累积和培养。所以要想养成良好的工作习惯，必须坚持不懈去努力，千万不能半途而废。

我们要始终坚信，要有充分的自信迎接困难，要有坚忍的意志去战胜逆境，要有宽容的心怀面对争议，要有必胜的信念去迎接成功。

成功并非易事，不能一蹴而就，需要长时间的努力和付出，需要长期的积累和准备。当我们羡慕那些成功人士的时候，羡慕他们得到鲜花和掌声的时候，你可知道他们为了成功欢乐的那一刻，背后付出了多少辛劳的汗水和泪水。他们不舍昼夜、心无旁骛的付出，他们直面困难、迎难而上的决心，他们勇于面对、毫不退缩的勇气，他们不到成功、决不罢休的态度，他们海纳百川、有容乃大的胸襟，他们锲而不舍、持之以恒的耐力，等等，正是以上种种优秀的品质，最终才使他们获得了成功。所以要想获取人生的成功，首先要做好接受时间和困难磨炼的准备。

迈向成功的道路上，需要积极向上的乐观精神，需要埋头苦干、任劳任怨的务实态度。所以今后一定要勤恳付出，让自己身上有一股使不完的劲儿，要具有专注精神，让自己在专业领域有发挥自己才能的余地。当遇到困难的时候，不要埋怨和逃避，而是要以坦诚务实的态度去面对，以客观理性的精神去分析，从中找到解决问题的途径和方法，让自己尽快摆脱困境。

5. 要视时间为生命

鲁迅成为一代文豪，留下许多经典之作。他一生的成功，与他从小珍惜时间有着很大的关系。有一年，鲁迅刚刚十二岁，他在绍兴城读私塾。当时，家中父亲身患重病，而两个弟弟年纪尚幼。因此，家中沉重的负担都压在了鲁迅身上。他每天上学之余，还要去当铺、跑药店，回到家中还要干家务活儿。面对烦琐的事情，鲁迅每天必须合理安排时间，珍惜每分每秒，想尽一切办法挤时间学习。

鲁迅平时爱好十分广泛。除了喜欢写作，他还对民间艺术、绘画等有浓厚的兴趣。正是他平时养成珍惜时间的好习惯，所以他总能抽出时间来做自己喜欢的事情。因为对于他而言，时间实在太宝贵了。

鲁迅认为，时间就是生命。如果无端地消耗别人的时间，无异于谋财害命。所以他对于那些整天东家跑跑、西家坐坐、说长道短的人十分反感。尤其是当他十分忙碌的时候，有些人还找他来闲扯，哪怕是关系密切的好友，他都会毫不客气地拒绝对方。因为他觉得只有充分利用有限的时间去做一些有意义的事情，人才会生活得充实。

现实中，很多人经常会抱怨时间过得很快，很多事情还没有办完一天就结束了。而鲁迅则认为，时间犹如海绵里的水，只要你挤就一定会有。所以很多时候，大多数人平时不珍惜宝贵的时间，将时间花费在无聊的事情上面。等有要紧的事情需要办理的时候，他们又会整天抱怨时间不够。

你热爱生命吗？那么别浪费时间，因为时间是组成生命的材料。因此，每个人必须懂得珍惜时间，视时间为生命，这样才能在自己有限的人生中学习到更多的知识，进而收获更加精彩的人生。

卢梭说过，人们说生命是很短促的，我认为是他们自己使生命那样短促的。由于他们不善于利用生命，所以他们反过来抱怨说时间过得太快；可是我认为，就他们那种生活来说，时间倒是过得太慢了。其实，时间对于世界上每一个人都是公平的。在时间的王国里，不分贫富贵贱，每个人每天的时间都是 24 小时、1440 分钟、86400 秒。你既可以选择尽情挥霍，虚度光阴，也可以节约每分每秒，利用时间做自己喜欢做的事情。

那么如何更好地管理时间呢？根据二八定律，任何事情都要按照重点的少部分和一般的大部分进行区分，而谈及时间管理二八法则，80% 的结果通常取决于 20% 的努力。因此，每个人要充分利用最有效率的时间，用于完成 20% 的最有效率的工作。这段时间里，必须保持高度的注意力，集中精力完成所要做的事情，中间不能有停歇，要一鼓作气去完成。另外还要注意学会调整自己的生物钟，把握好工作和休息的节奏，充分提高时间效率。

谁对时间越吝啬，时间对谁越慷慨。要时间不辜负你，首先你要不辜负时间。放弃时间的人，时间也会放弃他。因此，在我们的生命里，必须牢牢树立把握时间、珍惜时间的意识。只有珍惜时间，意识到时间的重要性，自己才会合理安排时间，把自己计划做的事情在有效的时间内完成。

然而最可耻的是，很多时候人们总是把成功和目标挂在嘴边，可还是照样浪费时间，把宝贵的时间浪费在无关紧要的事情上面。这样只会蹉跎岁月、浪费光阴，最终懊悔与悔恨的只有自己。

为了充分利用时间，建议每天要明确当天需要完成的事情，然后根据自己的身体状况进行合理安排。比如有的人精力最旺盛的时间是早上，那么就应充分利用早上的时间完成当天最重要的事情。

6. 人生需要多思考

人世间，凡成大事者，往往都勤于思考。他们善于发现问题、解决问题，不会让问题成为人生的羁绊。而有的人正是由于缺乏思考，不去动脑，不善行动，最终他们失去了难得的机会，导致最终的失败。

世界上没有唾手可得的机会和成功。任何一个有价值的想法和计划都源于思考。面对人生的取舍问题，一个善于思考的人会正确思考，做出决断，进而通过思考产生强大的力量，最终采取具体的行动。

葛第士是古希腊的弗里吉亚国王，他通过巧妙的办法在战车的轭上打了一串结。他向全世界宣告：将来如果有才之人最终打开这个结，他将有机会征服亚洲。自从他发出这个宣告后，多少年来，一直没有人可以解决这个难题。后来有一天，亚历山大率大量部队入侵小亚细亚。他有机会到了葛第士绳结前，他通过片刻的思考，想到了应对之策，只见他拔剑而起，立马将绳结斩断。最终，他凭借自己的实力征服了波斯帝国。

人生需要理智思考。而正确思考往往决定于取舍之间。究竟如何去做，做出怎样的选择，往往取决于他的思考。很多人每每为了眼前的蝇头小利，忽视了长远的利益，最终得不偿失。而成大事者正是抓住了千载难逢的机会，进而为成功奠定基础。因此，当机会来临时，更多时候要看你是否能迅速进行果断的取舍。

一个人只有经过大脑的思考，才能制定人生的目标和规划，才会做出一定的成就。因此这一切的获得，完全取决于一个人的思考能力。不论是以理智的方式，还是以愚蠢的方式来运用你的思想，都会显出巨大的力量。只有正确的思考才会克服不良习惯，进而战胜挫折的折磨，到达成功的彼岸。

思维方式一般分为归纳法和演绎法。其中的归纳法指的是由部分导向全部，从特定事例导向一般事例，以及从个人导向宇宙的推理过程，它是以经验和实证作为基础，并从基础中得出结论。演绎法指的是以一般性的逻辑假设为基础，得出特定结论的推理过程。

这两种思考方法虽然不同，可是两者具有互补性。如果一个人用石头砸向窗户，只要石头不变，则窗户一定会被打破。如果再重复几次，依然会是同样的结果。最终得出的结论是玻璃是易碎的，石头不会碎。如果以此为出发点，进行一定的推论，则得出一个结论：如果其他东西不易碎，也同样会打破玻璃，而石头也会打破其他易碎的东西。

如果进行错误的推理，最终会得出错误的结论。因此必须保证推理的正确性，也就是要求进行正确的思考，才能得出正确的结论。

一家外企招聘高管，经过层层选拔，九名应聘者在上百名初试者中脱颖而出，成为复试人员。由于公司领导高度重视，最终由董事长进行复试把关。董事长认真了解了他们的材料和初试成绩，对他们十分满意。可是最终公司只录取三人，为了选出最佳的人选，董事长又给他们出了一道题。

董事长把他们随机分成三组，要求第一组负责调查婴儿用品市场，第二组负责调查妇女用品市场，第三组负责调查老年人用品市场。董事长告诉他们，由于他们应聘的是市场部的高管，所以通过这来测试他们的市场观察力，要求所有人员必须全力以赴去进行调查。同时，董事长还告诉他们，他已经为大家准备了所调查行业的资料，如果需要，让大家去行政部秘书处领取。

没过几天，他们九个人都提交了自己的市场分析报告。董事长看了他们提交的材料后，最终向大家公布了公司录用高管人员的结果。他走到第三组三个人的中间，告诉大家他们就是被公司录取的人员。

这令现场的人员心中有些困惑，究竟是什么原因使董事长最终决定录用他们呢？于是董事长向大家解释道，他让他们领取的材料是不一样的，分别是关于他们所调查的课题的三个方面，即对用品市场过去、现在、未来的分析，其他两组也类似。

第三组的人他们通过思考，相互借阅了对方的资料，最终写出了最完整的报告。可是其他两组人都是各行其是，不懂得思考，不懂得团队的配合精神，所以最终很难完成。

通过上面的案例，我们更可以得出，思考决定人生的高度。所以平时在日常生活中，我们必须多动脑，凡事多思考，从中得出有利于自己的方式和方法，进而提高自己的工作效率，尽早实现自己的人生目标。

第三章

修炼自我性格

第一节 完善性格方可成就人生

很多时候，大家羡慕那些功成名就的人们，希望有朝一日可以成为和他们一样拥有光环和鲜花的人。然而人生道路充满坎坷和艰险，要想获得最终的成功，必须学会完善个性和性格，不断纠正自己身上存在的问题和错误。只有这样，才能通过不懈努力成就一番事业。

1. 性格的形成

人类历史上，曾经有无数的仁人志士浴血奋战，前仆后继，为人类的解放和和平做出了伟大的贡献。在这些历史人物中，他们每个人的性格都是不同的。

性格是一个人身上众多心理特征的集合，展现了一个人的综合素质和精神风貌。对于个人而言，每个人都有自己有别于他人的心理特征，进而形成了不同的性格差异。

一个人性格的形成受到诸多因素的影响。其中最主要的是生物学条件、家庭环境、学校教育、社会条件以及个人心理等。

对于每个人而言，性格的形成首先源于自己的生物学条件，即父母的遗传。正是由于不同的遗传基因，才造成了每个人不同的性格特征。

父母是每个人人生的启蒙老师。从一个人呱呱坠地开始，他的一举一动、言行举止都会受到父母潜移默化的引导和影响。因此，家庭生活对一个人性格的形成起着重要的作用。

除了家庭，学校教育也深刻影响着孩子的性格。在日常教学中，教师对学生循循善诱的教导，会对学生良好习惯的形成起着关键的作用。

关于性格的成因，国外心理学专家根据人的性格和行为背后蕴含的目的，将人们分为战斗型、定居型和游牧型三种不同的类型。其中战士型的人喜欢争斗，有攻击性，通常会为人生目标而努力；定居型的人性格内向，向往安逸的生活，认为平淡生活才是人生的真谛；游牧型的人善于接受新事物、新挑战。

对于性格，不同的人会有不同的认知和理解。心理学认为，性格是一个人在现实中所表现出的典型的表现方式，其具有常态性，不具有偶然性。比如，赵某平时不论在公众场合，还是在日常工作中，经常侃侃而谈，开朗大方。因此，我们便认为他属于活泼型的性格。然而有一天，他由于身体不舒服，心情不好，在与人交往的时候沉默寡言。这只是他的个别情况，属于个例，我们便不能依此认定他属于沉默型的性格。

人与人的不同，往往表现在性格上。正是不同的性格决定了不同的人生，进而产生不同的命运。

恩格斯认为，刻画一个人物不仅应表现他做什么，还应表现他怎么做。做什么，所反映的是一个人追求的目的和动机；怎么做，则反映的是他为实现目标所采取的途径和方式。当面对现实，当多次出现同样或者类似的情形，一个人所表现的行为方式是稳定和常态化的，那么其中所体现的心理特征便是他的性格。比如一个人在为人处世的过程中原则性强，遇到困难总是想尽一切办法去解决，从不推卸责任，对于目标有很强的执行力，那么他的这些特征便形成了他的性格。当我们对他有了初步和深入的了解，我们就可以推测出他遇到某一种情形，他所表现的思维方式和采取的行动。

人与人之间的性格千差万别，这促使每个人拥有不同的个性。其实，我们每个人与生俱来的基因都是独一无二的，再加上后天环境的影响，我们便形成了自己的性格。这种性格有优点，也有缺点。当我们面对同样的老师，接受同样的课程，由于性格和习惯的不同，我们往往会取得不同的效果和成绩。

然而，虽然性格千差万别，可是我们并不能否认，人们的性格在差别之中还存在着共性。性格是人们在社会化的过程中不断发展变化而形成的，因此，一个人的性格往往会受到周边社会环境的影响。

性格的形成是一个人从外表到内涵等多种因素综合作用的结果。虽然每个人的性格表现形式并不一样，可是不论怎样，各种性格之间是相互联系、相辅相成的。

2. 性格是事业的掌舵者

一个人事业的成败往往取决于他的性格。对于个人而言，性格是他在家庭、社会、工作等不同环境中体现出的常态的行为特征，其行为具有一定的时间性和规律性。根据性格的不同，往往可以反馈出他所从事的工作领域。

美国心理学专家通过研究发现，历届美国总统中，那些坚持己见、性格刚烈的总统虽然民众支持率不算很高，可是他们却是美国历史上非常成功的总统。究其原因，因为性格固执的人通常有自己的主见，当机会来临的时候他们会把握机会，不是踟蹰不前，犹豫不决。正是具备这种性格特征，所以他们能够将机会牢牢把握在手中，进而提高了成功的概率。

性格刚毅的人通常办事有明确的目标，具有持之以恒的毅力和吃苦耐劳的品质，更重要的是，他们的执行力比其他人要强。正是以上几种因素，促使他们在人生的道路上要比常人获得更大的成就。

这类人意志坚定，执行力强，顽强不屈，勇于开拓。当遭遇人生逆境，前行的阻力阻碍了事业的发展，他们往往愈挫弥坚，主观意识强，应变能力快，办事效率高，行动速度快。

在众多杰出人物中，英国前首相撒切尔夫人便是以上性格的典型代表。撒切尔夫人年轻时就读的是牛津大学化学系。其实，她一开始报考的是法律系，可是事与愿违，她只能学习自己并不感兴趣的化学专业。后来她最初从事化学方面的工作，整天待在实验室里，只能和化学器材打交道。当她意识到自己从事的化学工作根本不是自己所喜欢的，于是她果断放弃了自己原有的工作，开始自己的从政生涯。她先后担任保守党下院议员、英国教育大臣等，最终她通过竞选成功成为保守党领袖，最终成为英国历史上第一位女首相。

成为首相后，她坚韧刚毅的性格得到了更多发挥的余地。凡是她制定的措施，她总是雷厉风行，确保政策的贯彻执行。面对其他人的非议，她也总是意志坚定，从不动摇自己的主张。正是她这种刚毅的风格，使得她被称为"铁娘子"。

从撒切尔夫人的事例中，我们可以看出，当自己从事的工作与自己的兴趣爱好格格不入的时候，事业往往很难有长足的发展。而找准机会，果断放弃，选择自己感兴趣的职业，往往会使自己的事业突飞猛进。

对于每个人，要想获得事业上的突破，首先要从塑造良好的性格开始。要在实践中锻炼自己，形成办事讲求效率、凡事重在落实的风格，遇到困难与挑战要勇于承担责任，不要推卸与退缩。只有这样，自己的人生才能获得更大的发展。

3. 抓住难得的"运气"

现实中，很多人都会羡慕别人有"好运气"。的确，事业的发展需要"运气"，同时更需要把握运气的决心和魄力。很多时候，"运气"经常会出现在现实生活中，可是有的人可以充分利用和把握，进而使之成为自己可贵的资源，再加上自己的努力和奋斗，从而可以书写出自己精彩的人生。

汤姆从事的是出租车司机的工作。有一天，他在火车站附近，突然看见前方有一位身着正装、彬彬有礼的男士正在向他招手。

"你好！我要马上赶往机场。"男士的话语中带着些仓促。于是汤姆赶紧开车朝机场方向驶去。

为了打发时间，排遣车上的寂寞，于是汤姆主动和男士讲话："您的行程安排很紧张呀！这是要赶往哪里？"

"我要去洛杉矶，参加一个大型招聘会。"男士很客气地回答道。

"看您的穿着，我猜您一定是一个企业的高管吧。"汤姆感兴趣地问道。

"是的，我们正筹划建立一个电子商务公司，我是人力资源负责人，一会儿我要参加一个大型招聘会，就是为了进行前期人员的招聘。"男士回答道。

"请问一下，您这个新公司需要哪方面的人才？"汤姆问道。

于是，男士向汤姆介绍了公司的大概情况，并告诉他公司现在需要大量的电子商务推广人员。

其实，汤姆之所以认真打听公司的相关情况，是因为他的儿子刚好大学毕业，马上面临找工作。而他的孩子所就读的专业恰好就是电子商务。那天，他原本想要争取一个让他的孩子面试的机会。可是时间有限，他还没说完，已经临近机场了。于是汤姆便留下了对方的联系方式。

回到家中，汤姆把这个消息告诉了自己的孩子威廉。结果威廉通过面试成功应聘到这家公司。通过一年多的发展，威廉表现优异，成为部门经理，其工作得到了公司领导的一致认可和好评。

通过以上的故事，我们可以得知，人生随时随地都会有难得的"运气"，最重要的是要学会利用和把握。难怪有人说，机遇不是路边的苹果，放在马路上谁都可以看见。它更需要懂得把握的人们，要用心观察和把握。因此，机会往往垂青于提前准备的人们。

有一则关于林语堂博士的小故事：

有一天，一位先生宴请美国名作家赛珍珠女士，林语堂先生也在被请之列，于是，他就请求主人把他的席位排在赛珍珠旁边。席间，赛珍珠知道座席上有许多中国作家，就说："各位何不以新作供美国出版界印发？本人愿为介绍。"

座席上的人当时都以为这只是一种普通敷衍的说词而已，未予注意。唯独林语堂先生当场一口答应，并搜集其发表于中国的英文小品成一册，送予赛珍珠，请为斧正。赛珍珠因此对林博士印象极佳，其后乃以全力助其成功。

通过上面这个故事可以看出，一个人事业能够成功，需要的是把握机会，同时还需要果断行动，不因循、不观望、不退缩、不犹豫。因此，有的人之所以最终成功，不仅在于他能够发现偶然的机会，同时他更能够充分利用和把握机会。

弱者等待时机，强者创造时机。面对机会，如果一味因循等待、徘徊观望，那么机会便会擦肩而过，等待你的便是无尽的懊悔。

有一天，大发明家爱迪生的办公室来了一位不修边幅的人，大家都觉得他很好玩。当他表明自己此来是想成为爱迪生的合伙人时，所有的人都禁不住哄堂大笑——爱迪生从来就没有什么合伙人。

这个人叫巴纳斯。由于他的坚持，他赢得了一份在爱迪生的办公室打杂的工作。爱迪生对他的坚毅有着良好印象，但这不足以使他成为爱迪生的合伙人。巴纳斯对此毫不在乎，他在爱迪生那里做了数年的设备清洁和维修工作，总是任劳任怨。

机会终于来了。有一天，他听爱迪生的销售人员在嘲笑一件最新发明——口授留声机，他自告奋勇去销售这件东西，从此，他便得到了这份销售工作。巴纳斯用他打工的钱跑遍了纽约，一个月后，他卖了七台机器。当他装着满肚子的销售计划回到爱迪生的办公室时，爱迪生真的接受他为口授留声机的合伙人。

一个人的成功需要机会，然而更需要他把握机会并为之不懈奋斗。

当机会来临，如果总是犹豫不决，采取观望的态度，那么机会便会与其失之交臂。因此，要想获得成功，一方面要把握和珍惜机会，另外一方面还需要果敢的勇气和实践的决心。只有多种因素相加，才能获得最终的成功。

4. 完善性格方可成就人生

播种思想，收获行为；播种行为，收获习惯；播种习惯，收获性格；播种性格，收获命运。一个人要想获得成功，首先要培养良好的性格。而要塑造良好的性格，必须将自己性格中的缺点进行纠正，不断完善自己的性格。

一个人性格的形成需要多方面因素的综合作用。一方面需要先天的因素，另一方面还需后天环境的影响。而两者相互之间的影响，便形成了一个人的性格。

人的一生，如果具有积极的性格，那么他的人生便会充满快乐和幸福；如果具有消极、不健康的性格，那么他的人生便是不完美和悲伤的。人的命运并非与生俱来，而决定人命运的便是每个人的性格。要想改变命运，必须学会改变性格。只有在自己漫长的人生中不断完善自己的性格，才能让自己的人生朝着规划的方向去前进，才能让自己尽快到达成功的彼岸。

很多时候，一个人的性格往往决定了他一生的成败。正是在性格的支配下，我们对人生的选择进行了决断。尤其是在人生的十字路口，今后该何去何从，不同的性格选择不同的道路，进而决定了不同的人生。每个人必须遵从自己的内心，坦诚面对自己的人生，只有释放内心，顺从心意，才能让自己在人生的道路上获得无比惬意的快乐。

知己知彼，百战不殆。每个人必须要对自己的性格有深入的了解，知晓自己性格中的优点和缺点。进而纠正性格中的缺点，不要让它成为束缚自己发展的羁绊。要勇于面对，直面人生，让自己的人生获得更多的收获。

除了了解自己的性格，还应根据性格特征了解别人的性格。面对交往中出现的争执和矛盾，要相互体谅，多站在对方的角度看问题，多从自身找原因，才能找到问题的应对之策，最终迎刃而解。同时，多了解别人的性格，还要多学习别人的优点，结合自己的实际，制定出调整自己的方案。只有这样，才能不断完善自己、充实自己，有助于为自己的人生制定更加明确的目标和规划，有助于实现人生的目标。

人生没有十全十美的，只有自己才能决定自己人生的幸福。在通往成功的征程中，性格往往有着关键性的作用。面对窗外纷繁复杂、灯红酒绿的世界，面对金钱名利等各种诱惑，如何让自己保持心态平和，看淡名利和地位，回归原始本真，让自己的人生更加有意义和价值。人生短暂，如何在有限的人生中让自己创造无限的财富，如何让自己在短暂的人生中实现更多的目标，一切都取决于自己，取决于性格。因此，为了让自己的人生更加精彩和富有，就从完善自己的性格开始吧！

第二节　结交优秀之人，人生更加精彩

从呱呱坠地的那一刻起，每个人开始了自己漫长的一生。在每个人的一生中，如何获得事业的成就，一方面需要自己的努力和拼搏，

另一方面取决于周边环境的影响。正所谓近朱者赤，近墨者黑，一个人成长的环境在潜移默化之中将会对他的人生起到十分重要的作用。为了具有好性格，塑造好品质，那么就要选择好环境，让自己在良好的环境中成长。同时要多和正能量的人打交道，多结交优秀的人才，这样自己才会培养良好的人生习惯，才会塑造优秀的性格，进而收获精彩的人生。

1. 向乐观之人学习积极快乐

从前有两个人十分口渴，他们到处找水喝。他们想尽一切办法终于找到了水，可是发现仅仅有半杯水。乐观之人心中不禁欢喜，自己终于找到了水，虽然仅有半杯，可是可以解决自己的燃眉之急，有了这良好的开端，自己一定要再接再厉，找到更多的水。悲观之人则十分苦恼，他觉得这水实在太少，仅有半杯，实在起不到任何作用。结果他一气之下摔掉水杯，然后坐以"渴毙"。

同样是半杯水，乐观之人看到的是希望，而悲观之人则永远怨天尤人。乐观之人，总是满怀信心，充满勇气。面对人生的失利，他们从不会一蹶不振，而是永不言败，汲取教训，从头再来。

乐观的人总会在黑暗中看到黎明的曙光和希望，总会感觉到黎明前的启明星就在自己人生的前方。因此，他们从不选择放弃，哪怕在最艰难的时刻他们也会咬牙坚持，等到希望的降临。

面对一年四季，乐观的人喜欢生机盎然、百花争艳的春天，他们觉得这是新生命和希望的开始。他们喜欢流火岁月、充满激情的夏天，哪怕被骄阳暴晒，他们也认为自己在接受阳光的沐浴。他们喜欢硕果累累、金风送爽的秋天，面对飘零的落叶，他们会觉得这是自然规律。

他们喜欢冰天雪地、雪花飘舞的冬天，面对瑞雪，他们更会对来年充满期待。

和乐观之人在一起，每时每刻都会感到正能量的存在。哪怕自己正处于人生的低谷，不知今后人生道路何去何从，乐观的人也会觉得这是上苍对自己的考验。他们会在逆境中看到希望，在不幸中获得经验，在苦难中赢得新生。

每个人的身上都有积极健康的能量，和他们在一起，正能量将会传递给你，让你感受到无比的荣幸和快乐。

2. 向沉稳内向之人学习思考

人世间，既有快乐和外向的人，也会有沉稳内向的人。从快乐、乐观之人身上，我们可以学习他们积极乐观、迎难而上的人生态度。而从沉稳内向之人身上，我们可以懂得人生要多去思考。

沉稳内向型人平时不善言谈，不轻易将自己内心的想法表达出来。可是他们擅长思考，喜欢对人生的经历进行总结，凡事喜欢刨根问底。他们往往可以透过事物的表象看清事物的本质。平时他们喜欢独处，很少和外人打交道，可是他们办事总是十分认真，一丝不苟，井井有条。

因此，从沉稳内向型人身上，我们要学会对自己的人生多一分思考。很多时候，有些人自以为聪明，可是最终聪明反被聪明误。只有懂得思考，智者才会处乱不惊，救人或救己于千钧一发之际。

从前有两个人要横穿沙漠。这是一段艰难而漫长的旅程，要消耗很多的体力才能完成。当走到半路时，他们口渴难耐，其中一人因为看不到希望而丧失信心，暴跳如雷，然而不论他如何生气，也无法挽回他可怜的生命，最终他在炎炎烈日下不幸身亡。

然而，另外一个人却很少说话，他只是一个人默默地走在这滚烫的沙子上。虽然他也口渴，内心也很煎熬，可是他无论如何也没有停下自己脚下的步伐。正是凭借这种毅力和恒心，他最终成功穿过死亡之地。

后来，有人问他依靠什么让自己克服万难，成功穿越茫茫沙漠。他十分平静地回答：凭借思考！他也曾有过万念俱灰的时刻，可是他总是在想，自己不能被困难打倒，必须坚持下来，所有的一切都取决于你的执着！最终他领悟到：上帝赐予你生命，更多时候是为了要给你希望，哪怕对你有所考验，你也必须坚持下来。

由此可见，常思考之人往往可以通过事情本身参悟到人生的真谛，进而让自己的人生获得更多的收获。正是由于经常思考，他们往往做事有条理，总是按照计划认真办事。针对制定的目标，他们会不折不扣地去执行。当遇到很多事情，他们会根据轻重缓急去选择，先去办理要紧之事。

3. 向平和冷静之人学习倾听

现实中，我们还会遇到平和冷静之人。他们平时可以很认真地倾听别人的讲述。相对于其他人，他们更愿意花时间认真倾听对方的讲话。这类人特别适合从事销售工作。

经验表明，从事销售工作的人员，当他们和客户打交道的时候，越是喜欢耐心倾听客户的意见，他们成功的概率就越大。因为聆听是认可客户谈话的一种方式。对于销售人员而言，认真倾听客户讲话，首先是对客户的尊重，哪怕花费一定的时间，可是当客户感到自己受到对方的尊重，他们更愿意开展相互的合作。另外，当倾听对方讲话的时候，要始终保持饱满的热情与良好的精神面貌，同时还应认真注视客户。假如你感觉客户所讲内容淡而无味，听他讲话简直是在浪费时间，你可以巧妙地谈及一些你感兴趣的问题转移话题。不过需要强调的是绝对不可以随意打断客户的话，应当耐心听完对方的讲话。即使你并不完全认同对方的讲话，可是也要坚持听下去。

在倾听的时候，要做到以下几点：

一要专心，要认真听清对方所讲的每一句话，不能开小差。

二要耐心，要认真听完对方的讲话，不能随意打断别人的讲话。即使自己有话要说，也要等别人讲完话后再说。

三要细心，要用心听对方的讲话，如果自己谈及类似的话题，绝对不能重复他人的说法，要提出自己的真实想法。

四要虚心，如果别人提出与自己不同的意见，必须学会虚心接受，绝对不能当面反驳别人。

五要用心，当听取别人的意见时不能盲从，要根据自己的实际进行判断，要做到说、听、思并重。

统计表明，职场中很多人之所以被公司解雇，并不是因为他们工作能力差，而是因为他们不会与人相处。而这正是平和冷静型人的长处。他们之所以比别人更胜一筹，是因为他们平时懂得倾听，能与领导和同事用心相处。

4. 向权威急躁型人学习行动

有一类人，他们有领袖风采，平时意志坚定，有自己的主张和看法。只要认准的事情，他们一定会坚持做下去。另外，他们做事讲求效率，追求速度。当他们制定一定的目标后，一定会全身心投入去完成。

这类人是典型的权威急躁型人。和他们相处，最重要的是要认同他们的主张，配合他们去完成他们的计划和目标。正所谓道不同不相为谋，如果你并不认可他们的主张和理念，那么最好不要开展合作。因为他们是主见性很强的人，他们并不会因为你的反对而动摇自己的主张。

另外，这类人办事注重效率和速度，可是很多时候光是追求速度，往往会忽视质量。所以很多时候，他们更需要办事认真的人为他们把控质量。

现实中，我们经常会遇到不同类型和性格的优秀的人。和他们交往时，我们总能感觉到他们身上所散发的人格魅力。所以我们要从他们身上学到自己需要学习的东西，进而不断完善自我。

第三节　学会运用不同的心理效应

心理学中有很多种心理效应，它们是无数心理学专家通过无数次实验总结的经验，对现实生活有很重要的指导意义。如果学会充分运用它们，将有助于了解不同的心理特征。

1. 巴纳姆效应

肖曼·巴纳姆是一位魔术师，由于他的魔术中总含有人们喜欢的成分，所以他的魔术很受欢迎，"每一分钟都有人上当受骗"。其实这是一种心理活动的过程。当外界信息给常人的思维带来影响的时候，人们往往会产生认知的偏差，进而导致行为上的"脱轨"。

现实中，很多年轻人十分相信占星术，对于星座理论深信不疑。星座占卜之所以受到人们推崇，很大程度上是因为其理论知识应用到每个具体的人身上的时候，大家都感到十分准确。由于笼统的性格描述十分准确地揭示了人们的行为和心理特征，心理学专家将这种现象称为"巴纳姆效应"。

一位心理学专家开展了一项专业调查。所有受调查者需要填写两份人格检查表，同时有两份调查结果，其中一份是关于受调查者本人的，另外一份是参照所有受调查者的答案汇总的。最终，受调查者选择了后一份，他们觉得后者关于自己人格的描述更符合自己。

其实这种事情在我们生活中是十分常见的。除了星座占卜，还有我们常说的"算命"。当人们遭遇人生挫败的时候，他们往往会求助于算命先生，希望他们对自己未来的人生进行预测。

日常生活中，我们经常会受到外界信息的干扰和影响，尤其是当人生遭遇不幸、正处于低谷的时候，对今后的人生如何发展失去方向，对未来的生活充满担忧。这时候，人的内心缺乏安全感，十分容易受到外界因素的影响。

现实中，巴纳姆效应得到了广泛应用和推广。人们通过星座占卜等渠道对自我性格进行了更好的分析和对照。

2. 甜柠檬效应

伊索寓言中有一个"狐狸吃葡萄"的故事。从前有一只狐狸想吃葡萄，于是它到处找葡萄。它好不容易找到了葡萄，可是一直够不着。

最后，为了进行自我安慰，它只能暗自告诉自己这些葡萄是酸的，即使自己能够摘下来，也很难下咽。最后，它只好灰溜溜地走了。

以上的故事说明，当自己计划的目标受到外界干扰无法开展的时候，有的人总是会找一些借口搪塞自己，进而进行自我安慰。他们这种行为特征被人们称为"酸葡萄心理"。

另外，有的人虽然没有得到葡萄，可是他们得到了甜柠檬。他们虽然最终没有实现目标，可是他们总是强调这是外界因素导致产生的。他们这种利用借口降低内心失落情感的心理现象被称为"甜柠檬效应"。

不论是酸葡萄心理，还是甜柠檬效应，都是在为自己找借口，起到自我心理愈合的作用。现实中，不论生活还是工作，不如意之事十之八九。面对种种不如意，更需要的是积极乐观的态度。只有让自己调整心态，充分发挥积极作用，才能让自己的心情得到释怀。

现实中，每个人都会有优点和缺点。如果整天总是为自己具有缺点而自寻烦恼，总是觉得自己处处不如他人，结果只能是自作自受。其实每个人都会有缺点，只不过每个人的缺点并不相同。当自己总是关注自身缺点的时候，也要多去留意自己身上的优点。或许你身上的优点，正是对方想要获取的；而对方身上的优点，则也是你所希望得到的。

3. 重叠效应

在进行记忆的过程中，如果前后记忆的内容具有相似性，那么对于记忆而言是不利的。因为当相似的内容重复出现的时候，由于它们的相似性，往往会互相抑制，最终导致产生遗忘的结果。这种现象被心理学家柯勒称为"重叠效应"。

世界上，任何事物的发展都具有内因和外因。一般情况下，内因是事物发展变化的根本，外因是事物发展的条件。虽然我们都知道"近朱者赤，近墨者黑"的道理，可是对于个人而言，哪怕环境发生改变，如果内心坚持不变，他的行为习惯也不会发生变化。

"近朱者赤，近墨者黑"所揭示的道理，和心理学上的"重叠效应"有异曲同工之妙。很多情况下，外在环境会影响一个人的行为习惯，然而究其根本，还取决于行为人本身。我们所熟知的"出淤泥而不染"，所讲的便是这个道理。现实生活中，面对外面灯红酒绿的环境，如果意志薄弱、自制力差，往往就会沾染不良的习惯，最终走上堕落之路。只有始终保持良好的品质，不受外界环境的影响，始终保持自我，坚持正确的价值观，才能使自己经得住诱惑，做一个正直、善良、清白之人。

4. 半途效应

很多时候，我们对那些成功人士十分羡慕，希望像他们那样功成名就。然而任何人的成功并非易事，都是他们付出很多艰辛和努力后才得到的。事实证明，那些功成名就之人都是毅力和恒心超强的人，他们正是凭借长久的坚持精神，才最终获得了自己人生和事业上的成功。

然而，现实中很多人总是踌躇满志，制定很多目标和计划，可是到了真正实施和落实的时候，他们往往会因为种种原因选择了放弃，最终任何目标和计划都成为泡影。

心理学上，有一种效应名叫"半途效应"。其指的是一个人在实现目标的过程中，当发展到一定程度的时候，由于心理、环境等种种因素的相互影响，造成的对于目标行为的一种负面影响。

很多情况下，大多数人在实现目标的过程中都会在"半途"终止，选择放弃。因此，在实现目标的过程中，事情发展到一定程度往往是一个十分敏感和脆弱的时候。

之所以发生半途效应，与制定目标是否合理有一定的关系。如果从一开始制定的目标和本人以及现实条件不相符，严重超出了自己的能力范围，那么在实现目标的过程中，一定会由于自己力不能及而最终停止。比如一个刚刚接触单词的学生，一般情况下，他平均每天可以记住 20 个单词，可是如果他每天制定的目标是记住 50 个单词，那么在他完成目标的过程中，他一定会因为制定的目标过高而最终选择放弃，以失败告终。

另外发生"半途效应"，很多是由于实施者缺乏应有的毅力和恒心。因此，成大事者必须具备坚韧的毅力和迎难而上的决心。在实现目标的过程中，很多人往往因为缺乏毅力、难以坚持而最终选择放弃。比如体育课上的长跑，很多同学往往因为难以承受过强的体力消耗而选择放弃，而最终坚持下来的是那些体力和毅力超强的人们。

出版家邹韬奋说过，一个人做事，在动手之前，当然要详慎考虑；但是计划或方针拟定之后，就要认定目标前进，不可再有迟疑不决的态度，这就是坚毅的态度。因此，我们必须制定适合自己的目标，同时还需要自己不折不扣的执行力，只有两者有效结合，才能最终迎来成功的时刻。

东汉时期有一个人名叫乐羊子，他的妻子希望他学有所成，所以让他离开家去寻师求学。当他离开家一段时间后，他回到了家。妻子问他怎么这么短时间就回家了，他告诉妻子因为他很长时间没有回家，心中总是惦念着家人，所以想回家看看。

妻子听后十分生气，她把丈夫叫到织布机前，告诉丈夫，织布机上的蚕丝之所以最终织出五颜六色的布匹，源于织机长时间的运作。而一寸布匹的成形，需要一根根丝的累积。读书也是如此，要想成就学问，必须天天努力，长久坚持。如果三天打鱼两天晒网，最终只能一曝十寒、虎头蛇尾。

妻子的一番话深深打动了乐羊子。于是他外出求学，发奋读书，一连七年不曾回家，最终他学有所成，成为一代名师。

现实中，如何有效避免半途效应的出现，需要从以下几方面着手：

1. 设定目标

每个人之所以采取行动，往往源于他最初的动力。而做任何事情，首先要设定符合自己实际的目标。如果整天无欲无求，没有树立目标，那么他最终只能无所事事，一无所获。

每个人之所以设定目标，源于他们的现实需求。这些目标都是为了满足他们人生发展的正常需求。比如报名参加英语培训是为了提高自己的英语水平；办理健身卡是为了锻炼自己的身体，增强自己的体魄；和朋友逛商场是为了满足自己的购买欲；等等。

在通往成功的道路上，不论什么时候，都必须牢记自己设定目标的初衷。只有这样，才可以防止中途走偏。现实中，我们经常会发生捡了芝麻、丢了西瓜的事情，经常会被中途出现的因素转移注意力，最终因小失大、得不偿失。

2. 培养兴趣

兴趣是最好的老师。不论做任何事情，只有对它感兴趣，才会有坚持做下去的决心和动力。法布尔成为昆虫学家，源于他对昆虫的兴趣，他会为了观察昆虫一趴就是半天；居里夫人正是对化学拥有浓厚的兴趣，所以她才会潜心研究，最终成为诺贝尔奖的获得者。因此，很多人之所以能够克服艰难险阻最终坚持到底，都是因为他们对自己所从事的事情有浓厚的兴趣，即使他们为之付出很多辛苦，他们也从不叫苦，反而乐在其中。

3. 由易到难

很多时候，有些人一开始便制定过高的目标，最终导致在行动的过程中由于目标很难实现而选择放弃。所以凡事必须有一个由易到难的过程，要从实际出发，制定适合自己发展的目标。尤其是对于毅力不强的人们，要从简单的小事情入手，增强他们的信心和毅力。

徐特立开始学法文时，承受着巨大的压力。因为他当时年事已高，别人都觉得他学习法文是一件不可思议的事情。可是他却不这么认为，他从最基础的知识开始，每天学习一点点知识。时间一长，他已经可以记住很多词汇了。

美国学者米切尔·柯达认为，以完成一些事情来开始每天的工作是十分重要的。不管事情多么微小，它会给人们一种获得成功的感觉。

做任何事情，都必须符合实际，要遵循从易到难、循序渐进的顺序。只有坚持不懈、持之以恒，才能逐步实现自己的目标，获得事业上的成功。

第四节　分析自己的性格标签

现实生活中，我们对自己的性格特征有最基本的认知和了解，可是由于种种因素，我们给别人留下的印象和自己对自己本身的判断并不是完全吻合的，我们时常会被别人贴上不同的标签。有时候，我们自己也会心存疑问：为什么自己会给别人产生不一样的印象？为什么心目中的自我和别人眼中的自己产生了偏差？

1. 为什么你总是半途而废

现在，人际交往中大家关注最多的往往是微信朋友圈。时间一长，大家都会发现这样一种现象：很多人经常在朋友圈晒自己今天吃什么，或者节假日去哪里游玩，或者自己最近正在减肥和健身。

有人这样评价，对于男人而言，健身是长久的追求；对于女人而言，减肥是永久的话题。这两项对于他们而言，往往是老生常谈的话题，可是现实中真正能够做到的人却寥寥无几。

我们会发现，很多人晒自己的减肥效果，前几天十分热衷，每天都能按时完成。可是过了几天，就会发现之前他承诺的天天晒减肥效果，突然杳无音信了。

很多人都是这样，办事总是缺乏坚持和耐心，做任何事情总是半途而废。这也正是他们人生屡屡受挫的重要原因之一。

一开始，他们往往踌躇满志，定下目标："我一定要实现目标，坚持到底。"可是没过几天，他们会虎头蛇尾，找出各种各样的理由和借口为自己开脱。

从心理学的角度分析，为什么很多人做事很难坚持到底？这种行为要归根于人们的厌倦心理。

厌倦心理，指的是对某事情失去爱好和兴趣，因遇到其他因素阻碍而选择放弃。尤其是遇到被强求或被命令的事情，更是很难建立起兴趣。

人们之所以会对任何事情产生厌倦心理，很难坚持下来，行为动机和行为评价十分重要。

关于行为动机，根据动力来源的不同，往往分为内在动机和外在动机。

内在动机，指的是做事情的最初目标，是一种自发性行为。比如很多人平时都是月光族，总觉得攒钱对于自己而言是可望而不可即的事情。然而，当他产生经济压力急需用钱的时候，他才会发现之前自己其实花了很多冤枉钱，自己所买的很多东西都是没用的。如果从一开始，自己就定下目标：每月必须努力赚钱，并有一定的存款。相信只要坚持，他的经济状况一定会有所改观。

外在动机，指的是外部环境对事情发展产生的影响。比如很多家长承诺只要孩子考试达到全优，那么就会给予一定的奖励。

现实中，内在动机最关键。因为只要自身内部意识到行为的重要性，他就会全力以赴去完成目标。而如果只有外在动机，他往往会找出各种理由为自己中途放弃找借口，最终导致事情停滞不前。

另外，每个人在做事情的时候都希望自己得到别人的肯定性评价。比如对于自己制订的减肥计划，如果单凭自己坚持，往往很难收到理想的效果。而如果自己的减肥得到他人的支持和肯定，这往往会成为促使自己坚持下来的动力，最终促成目标的达成。

一个人要想坚持做一件事情，除了动机和评价，最重要的还是要依靠自己坚强的意志和锲而不舍的精神。当自己对事情产生厌烦心理的时候，可以临时做其他事情，让自己换一种心情，给自己适当的放松。只有不时调整心态，才能让自己努力的目标尽快实现和达成。

2. 为何我总是信心不足

当面对挑战的时候，很多人都会打退堂鼓，产生自卑心理。如何走出自卑的阴霾，树立积极阳光的自信，犹如我们每天经过白天和黑夜一样，都是一个必经的过程。

树立自信，是对自己的正面肯定。而如何让自己充满自信，往往和一个人的阅历有很大的关系。

一个人阅历越丰富，所经历和历练的事情越多，他的自信心也会与日俱增，也会逐渐具备根据现实灵活处理各种事端的能力。

另外，一个人能否有自信，往往和他的性格有很大的关系。通常情况下，自信的人性格开朗，面对问题和困难往往会以积极的心态去面对，喜欢挑战不同的事情。即使最后他们没有获得成功，在这过程中的宝贵阅历，也将成为他们人生的重要财富。今后当他再遇到类似事情的时候，往往会游刃有余地去处理。

与之相反，如果一个人整天总是信心不足，表现出悲观的情绪，那么当困难到来之际，他们往往会畏惧困难，担心自己很难承受失败的结果。正因平时缺乏自信，他们办事总是缩手缩脚，踟蹰不前。更多时候，他们希望得到别人的正面评价和认可。

因此，不论做任何事情，拥有自信是前提。但如果一个人过分自信，不注重细节，孤高自傲，那么周围的人往往会讨厌他，很少和他来往。

树立信心，首先要设定恰当的目标，清楚自己的现状和条件。只有了解自己，才能学会爱自己，让自己树立积极健康的心态。

3. 为什么我们如此焦虑

现实中，只要你留意一下身边，就会发现当代人很多都处在焦虑状态中：上班路上，时常会遇见因停车而争吵的人们；地铁里，时常会见到因不礼貌用语而争吵的乘客；饭店里，时常会见到因服务不周到而大声叫嚷的顾客；办公室里，时常会听到同事之间因沟通不畅发生的争执。

心理专家表示，一个人是否处于焦虑状态，取决于他的习性和品性，同时还和他所处的环境、自身素质等有很大的关系。

日常生活中，我们都会根据自己的个人意愿和判断提出一定的计划和目标。然而现实中不如意事常八九，当我们计划中的事情遇到外来因素的干扰和阻碍的时候，大多数人往往很难处于冷静和理性状态，而是产生恐慌和焦虑情绪。遇到这种情况，如果不进行适当的心理调节，个人情绪会继续恶化，进而发展成愤怒，处于焦虑不安的状态。

当顾客到饭店点菜完毕后，一般情况下，他们心中的期待值是十分钟左右会上菜。如果十几分钟过后，顾客所点的菜还没端上桌，他们往往会进入焦虑状态。因此，当产生与自己的预期相反的情况时，大多数人都会产生焦虑情绪。如果这种情绪一时之间得不到释放，长时间积累，最终会爆发出来。

如何克制焦虑情绪，最重要的是要学会隐忍。焦虑会让人身心紧张、身体发抖，而适当进行身体放松，会让之前的焦虑得到一定的缓解，进而消除焦虑心理。

另外要正视现实，勇于面对，不要自暴自弃。如果将担心的情形进行分解，一点点消化，就会让自己适应不同的环境，当今后再次遇到时就不会再产生焦虑情绪。

当产生焦虑情绪时，找人聊天和倾诉，将自己心中的焦虑和不满情绪宣泄出来，也是不错的缓解焦虑的办法。有时候，对方会站在不同的角度加以分析，有助于帮助当事人渡过难关。

当遇到焦虑的事情，不同的人心态不同，往往也会产生不同的结果。比如天性乐观的人往往会保持乐观情绪，淡然面对一切难处。他们认为，与其整天抱怨，还不如坦然面对，找到问题的应对之策。

4. 为什么我会撒谎

很久以前，有个小孩在山上放羊。有一天，他在山上闲来无事，于是想要捉弄一下山下种田的农夫，他朝着山下大声喊道："狼来了！狼来了！"

山下的农夫们听见后，以为放羊娃遇到了危险，他们赶紧停下农活，朝着山上跑去，他们边跑边喊："孩子，不要怕，等我们上山后一起打跑恶狼！"

等农夫们气喘吁吁跑上山，他们才发现上当了。山上只有放羊娃和他的羊群，根本没有恶狼。结果放羊娃朝着他们哈哈大笑。农夫们十分生气，只好走下山去，继续劳作。

没过几天，放羊娃故伎重演，农夫们再次爬上山去赶狼，可是他们还是上当了，根本见不到狼的影子。他们对放羊娃的说谎行为十分恼火，可是也没办法。

又过了几天，放羊娃还是在山上放羊。让他万万没有想到的是这次恶狼真的来了。它飞快地闯入羊群，开始咬羊。放羊娃见状，十分着急。于是他再次朝着山下的农夫们喊道："狼来了！真的来了！大家赶紧来赶狼！"

可是这次农夫们虽然听到放羊娃的喊声，却都不愿意上山，因为他们觉得他还在欺骗他们。最后恶狼咬死了放羊娃的许多羊。他损失惨重，虽然追悔莫及，可是也无济于事。他为自己的说谎行为付出了惨重的代价。

以上这个故事是很多人所熟知的"狼来了"的故事。它旨在告诉我们说谎是一种不良行为，是不尊重他人的表现。如果一个人长期说谎，那么时间一长，他就会失去别人对他的信任。

现实中有一类人会像故事中的放羊娃一样，通过捏造事实来达到说谎的目的，进而欺骗别人。由于他们经常性说谎，心理学中称他们患上了"虚言症"。

现实生活中，我们有时候会在无意之中进行"说谎"。美国心理学家罗伯特·费尔德曼曾经对不同的人做过实验，他在每个参与者的身上配置一个录音笔，录制他们每天所讲的话语。当一天时间结束，他对所有人的讲话进行分析，结果发现，平均每个人每十分钟的讲话中会有三句话在说谎。比如，一个人表面上对别人讲一些关心的话语，可是他内心的真实想法是他太幼稚，简直就是个小孩。

从进化论的角度分析，说谎是人类世界中存在的最基本现象之一。生物进化过程中，说谎与欺骗的目的是让生物更好地繁衍进化。

心理学认为，人类个体都是自私的，然而利他行为也是必需的。它不仅在熟悉的人之间存在，在陌生人之间也存在。人与人之间，只要相互产生利益互惠行为，欺骗便会油然而生。

现实中，每个人之所以发生某种行为，是因为他们背后有一定的心理动机。自然撒谎行为也不例外。现实中，人们在不同的环境中都会或多或少发生说谎行为。虽然目的不同、性质不一，可是归根到底，基本上分为两大类。一类是纯粹为了自己的个人利益事先谋划的，有时甚至会损害对方的利益；另一类则是完全处于无意识状态而讲出的。至于说谎的目的，一方面是出于自我保护，为自己的行为找借口；另一方面是为引起别人的关注，让对方更加关注自己。比如很多孩子在公园踢足球，他们一不小心将公园公厕的玻璃打碎了。当问他们究竟是谁的责任的时候，他们往往谁也不愿意承担。如果这次他们通过说谎达成推卸责任的目的，那么今后他们还会利用说谎来为自己的行为找原因。

现实中还有一类人，总是喜欢自吹自擂，炫耀自我。他们虚荣心很强，所以通过说谎让别人更加尊重自己，让别人觉得自己了不起。他们经常夸大其词，将事情本身描述得更脱离现实。现实中，这类人并不受欢迎。时间一长，他们会失去别人对他们的信任。

还有一类人，他们说谎是为了保护自己。比如他们在参加会议时迟到了，会以路上堵车为借口进行搪塞。他们会编造一些貌似合理的事情为自己的错误行为找借口。或许他们迟到的真正原因是他们没有及时起床，可是他们却告诉别人路上车多拥挤，通过这个借口使别人相信自己迟到不是故意的。

对于说谎行为，如果其行为对别人造成了伤害，那么这种行为是不值得提倡甚至是禁止的。如果仅仅是出于利己，是我们常说的善意的谎言，某种程度上是允许的。

说谎之人是否值得别人原谅，不能一概而论，要根据实际情况进行判断。有这样一个小测试，如果一个人很穷，可是为了谈恋爱，他告诉对方自己很有钱，以骗取对方对自己的信任。面对这种撒谎行为，大家都认为他是十足的骗子，坚决不能原谅他的这种行为。而如果一个人很富有，同样也是为了谈恋爱，他假装成穷人和对方用心相处。这种撒谎行为往往可以得到大家的谅解和认可。

同样是撒谎行为，前一种是不可原谅的，而后一种却值得谅解。究其原因，源于行为的出发点不一样。他们都是从自己的利益出发，要根据是利己还是利他来进行判断，要做到内不欺己，外不欺人。

5. 为什么我总是很难决断

现实中，我们经常会遇到这样的情形：当大家到饭店准备点菜的时候，一开始大家都不知道点哪种菜。于是大家相互推诿，很长时间还没决定究竟要吃什么菜。最后，大多数情况下，大家往往会选择一道自己完全不喜好的菜。

这种行为反映了人们怎样的心理特征呢？一般情况下，这类人之所以犹豫不定，一方面是出于交际场合的礼貌，更多时候，他们其实想吃更好的食物。正是这种心理在作怪，所以迟迟不能下单。表面上，他们没有主见、意志薄弱，实际上，他们是原则性很强的人，一般情况下都会坚持自己的主张，从来不会妥协。

现实中，当由自己进行选择的时候，很多人之所以瞻前顾后，不愿做决定，是因为担心承担相应的责任。如果由于自己的决定导致事情的失败，往往会给自己造成很大的伤害。因此，只有遇到自己确信的内容，他们才愿意做出最终的决定。

很多时候，面对自己不了解的事情，大家都会随大流进行决定。尤其是遇到被大家认可的东西，一般都会相信大家的判断，进而进行相应的选择。

现实中，很多人很难做出决断的时候，他们通常会选择和自己爱好不相关的东西。他们之所以这样做，实际上是逃避心理在作怪。当人们难以选择时，他们的内心会十分纠结，而为了尽快做出决断，他们往往会选择和自己毫无瓜葛的选项。

6. 为什么我很难选择拒绝

成剑在一所乡村中学担任语文老师。由于他们学校位置偏远，所以很少有老师愿意到学校执教。他们的学校一共有一百多名学生，而配置的老师却不到十名，尤其是语文老师，加上成剑才有两名。

成剑每天的工作任务量很大，除了要花大量的时间进行备课，课后还要给学生们批改作业。如果稍有空闲，他还会对所教的学生进行作文写作的授课。

新学期到了，另外一名语文老师因家中有事，需要请假几个月。原则上，学校应该请示教育局派其他老师代课。可是由于他们学校交通不方便，所以很少有人愿意到他们学校来。于是校长找成剑谈话，希望他这学期负责所有班级的语文课。

对于校长的要求，一开始成剑并不想答应，可是对方是校长，自己一时之间很难拒绝对方。最终他只能勉强答应。

现实中我们经常会遇到像成剑这样的事情，对于别人提出的要求很难选择拒绝。一般情况下，之所以很难说出拒绝，一方面是担心自己的拒绝得罪他人，所以只能委屈自己；另一方面则是担心因拒绝而使自己承担相应的负面后果。

这种死要面子活受罪的心态，心理学上称之为"被拒敏感"，意思是面对别人的要求，自己不好意思选择拒绝，同时还很难说出自己的要求。

关于如何选择拒绝，需要掌握一些技巧。以下为几种常见的技巧方式：

（1）幽默拒绝

人际交往中，很多平时很难直白讲的话语，往往可以通过幽默的方式进行表达。用幽默的话语委婉地说出自己的主张和想法，既可以显示出自己的智慧，又可以避免双方的尴尬。

（2）另外选择

如果自己一时之间很难满足对方的要求，还可以通过提出另外的选择应对对方，间接否定对方的要求。比如别人约你去吃饭，可是你不想去，你可以告诉对方今天你身体不太舒服，改天你有时间再请对方。

（3）婉言拒绝

通过曲折委婉的口气，在顾及对方自尊心的基础上向对方表示自己拒绝的主张。

（4）沉默拒绝

如果他人的提问具有严重的挑衅意味，或者对方的要求远远超出了自己的能力范围，不妨以静制动，一言不发。这种方式要尽量少用，如运用不当，会严重伤及对方。

第四章

微 表 情 中 的 心 理 学

第一节　透过五官看性格

不论在东方还是西方，通过观察对方的面部表情，往往可以知晓对方性格、了解对方思想。国外一项调查表明，人的面部表情往往可以反映80%以上的大脑信息。这些信息，不仅可以成为了解对方性格的途径，而且可以用在刑侦、心理咨询等领域，让其发挥更大的社会作用。

1. 透过眼神看性格

眼睛是心灵的窗户，是人体五官中的重要器官。从呱呱坠地之日起，每个人都拥有一双天真无邪、清澈明亮的眼睛。随着岁月的变迁，每个人的眼神也悄然发生着变化：有的依旧炯炯有神，有的则目光呆滞；有的含情脉脉，有的则忧郁深邃。

心理学家认为，每个人的情感都可以通过面部表情进行传达。然而由于人可以有意识地控制面部表情，所以其具有一定的隐蔽性；而眼神则不然，由于其不可以随意控制，所以可以通过眼神直接反映一个人的内心世界。早在春秋战国时期，孟子就做过精辟的表述："存乎人者，莫良于眸子。眸子不能掩其恶。胸中正，则眸子瞭焉；胸中不正，则眸子眊焉。"

一个人的眼神往往可以反映出他的心理活动。一般情况下，聪明阳光、积极向上的人目光坚定有力、炯炯有神；整天昏昏沉沉、睡眼蒙眬的人则目光呆滞、黯淡无光。眼神清澈的人往往光明磊落，办事得体，做人低调。

眼神还会透露出一个人心底的秘密。相互交流时，如果对方经常将目光投向远方，代表你所讲的内容和他无关或者他对你的讲话不感兴趣。当眼睛上下左右来回运动的时候，代表对方心里有难言之隐不便讲出，因而选择隐瞒。如果对方的眼睛一直在凝视你，代表他心中一定有隐瞒的事情没对你讲出。和异性交流时，如果发现对方故意躲开你的视线，那说明对方心中有些难为情。如果遇到眼珠溜溜转的人，说明对方不诚实、不可靠，极易见异思迁。

相互交流时，如果对方的眼神中略带藐视，则说明他对双方之间交流的话题不感兴趣，或者他并不认同你的观点和看法。如果对方的眼神咄咄逼人，则说明他的心里有所戒备，或者对对方的讲话持反对意见。如果相互交流的眼神感觉没有表情，则说明对方心中存在怒火。如果对方的眼睛根本不看你，说明对方对你毫无兴趣。

一般情况下，那些目不转睛地注视着对方谈话的人，往往都是诚实可靠之人。相互交流时，对方的眼神总是来回转移的人，往往是性格内向的人。如果在相互交谈中时不时注视对方，则说明对方在强调说话的内容。如果双方首次见面不移开视线的人，往往是争强好胜之人。

相互交流时，那些刚被对方注视便马上移开视线的人，心中某种程度上存在自卑心理。那些平时喜欢斜视看人的人说明对对方感兴趣，可是又担心被对方看穿。如果抬眼看人，代表内心深处对对方怀有崇敬之心。如果总是俯视对方，则说明想要向对方显示某种权威。

交际场合，通过相互之间有无视线的交流，往往可以判断对方是否对你感兴趣。如果对方根本不正视你一眼，说明对方对你完全不感兴趣；如果对方时常和你进行视线交流，代表对方希望和你相互交往。

一般而言，主动性强的人在初次相见时，往往会用眼睛瞪人。双方进行交流的过程中，他也会利用一切机会占据优势，不时瞪眼看人。

当相互交流时，一开始30秒内，从双方之间眼神的交流往往可以判断是否把对方掌握在手中。一般情况下，胜出者会提前在眼神接触的时候有翻眼皮的动作。如果遇到交流时总是将眼光投向外边的人，往往都是有心机之人，相处的时候一定要时刻加以提防。

2. 眉毛动作的微表情

随着时间的推移，人体的器官都会根据人体所需进行相应的进化。对于眉毛而言，它是眼睛的天然卫士。当人体直立行走时，经常会有外界的雨水、身体的汗液等在重力作用影响下，对眼睛构成威胁。而眉毛则发挥着保护眼睛的作用。

人体眉毛都是呈向上走向，或者由水平向两侧生长的走向。这有助于导引液体绕开眼睛从眉毛的两侧流下。这也起到了保护眼睛的作用。

对于人体而言，眉毛的作用不容忽视。一方面，它具备保护眼睛的原始功能，另外在人际交往中，它还具有传递表情的作用。我们常说的眉清目秀、眉开眼笑、眉目传情等，都是形容眉毛传递表情的具体体现。

现实中，有的男士为了表示对女士的爱慕之意，经常会做出挤眉弄眼的动作。而这类人从心理学角度讲，通常被认为是轻佻之人。对于男士的表示，如果女士表现出嬉笑的表情，表示她并不反感，说明他们相互之间的感情是不错的。当然，这种动作不适合初次见面的场合。这会令女士产生误解，认为男士在无礼挑逗自己。

随着人心情的变化，眉毛的形状也会随之变化。日常生活中，眉毛常见的动作有低眉、皱眉等。

交际场合，当眉毛呈现出低眉的状态，表示当事人受到了威胁或侵犯。低眉动作，是为防止眼睛受到外界侵犯的表示。

当人表达产生怀疑、表示否定、心中惶恐、自高自大等表情时，只要眉毛稍微一皱，便向外界传递了相关的信号。

一般情况下，皱眉分为防护性皱眉和侵略性皱眉两种情形。防护性皱眉是为防止眼睛受到外界侵害产生的。为了强化表示这种意识，需要采用脸部器官上下挤压的动作，即人的面颊要往上挤，有眼睛睁开关注外界的动作。侵略性皱眉是为了进行防御而产生的。实际上，两眼直视、毫不皱眉才是侵略性眼光的真正表现。

一般情况下，皱眉表情往往是其在表达不满与厌烦、反感与嫌弃的心理特征。如果出现眉头紧锁的表情，则说明当事人在现实生活中遇到了难处，一时之间很难找到应对之策。

3. 富有表现力的嘴部动作

嘴巴是人体的重要器官，是面部表情中富有表现力的一个部位。而这也可以反映出一个人的心理活动。有时嘴巴不动，也会传递一定的心理信息。因此，嘴巴不仅是传递有声语言的工具，更是表现肢体语言的工具。

那些厚嘴唇的人，通常是积极乐观的人；而嘴唇绷紧的人，往往是办事严谨的人。

经常咬嘴唇的人，是为了释放心里的压力。现实中，他们一定会有恼怒之情无处发泄，所以通过这个动作来表示自己心中的郁闷之情。

经常舔嘴唇的人，一定是遇到感觉不自然的情形，或者内心突然变得紧张，通过这个动作调整自己保持镇定。

当一个人感到无比绝望、内心十分悲伤的时候，他们会通过撇嘴的动作来表现自己的心情。当遭遇到外部压力心中无法释怀的时候，一般都会使用嘴唇紧抿的动作。

如果一个人对别人说谎，心中有些不好意思，他们会用一只手或者双手捂一下嘴。当心中有不满意见需要表达的时候，或者向熟悉的人撒娇的时候，会通过噘嘴的动作予以表示。

4. 脸型透露不同性格

美国总统林肯曾说，一个人一旦到了 40 岁，就必须对自己的脸负责。每个人的脸型可以记录他每天的欢喜与悲伤，影响着他的性格和人生。

爱尔兰学者柯林斯提出，一个人脸部的发育史从一定程度上代表着他的成长史。如果一个人脸庞变宽，代表他的心智开始变成熟；如果一个人下巴开始增大，代表他的感情变得丰富；如果人的脸颊和眉毛开始突出，代表他个性分明，叛逆心强。

圆脸的人天性乐观开朗，性情爽快，待人友善，办事踏实，工作中尽职尽责，当别人遇到难处时愿意倾其所能去帮忙。然而，他们待人宽容，心肠软，容易受到他人甜言蜜语的诱惑。

方脸的人观察能力和分析能力强，办事有条理，效率高，执行力强。然而，方脸的男性不善交际，喜欢独来独往，性格孤僻；方脸的女性会给别人造成严厉的印象，让人感觉难以接近。

瓜子脸的人大多数是完美主义者，办事追求极致，总是严于律己、宽以待人；然而他们好面子，自尊心很强，如果被别人不经意间伤害，双方关系往往很难修复。

长脸的人办事理智，沉稳大度，值得信赖，心胸广阔，友善和气。他们天生自信满满，凡事不服输，但不太会体谅他人，甚至经常损害人际关系，缺乏魄力和执行力，且不善理财。

倒三角形脸的人思路灵活，善于推理，喜欢钻研，记忆力强，遇事易冲动。他们适合从事劳心工作，不适合劳力工作，尤其是企划、文书制作等，更是其长项。

第二节　穿衣打扮有学问

心理学家表示，通过一个人的穿着打扮以及衣服颜色、服饰偏好，可以反映出他的性格和情感。同时对于女性而言，她们对服饰的选择，往往可以隐藏她们的个性特点。

1. 衣服的选择

如果一个人经常穿朴素简洁的衣服，代表他的性格沉着、稳重，待人真诚，热情开朗，理智冷静。然而，他可能缺乏主观意识，没有自己的主张，经常被别人牵着鼻子走，经常受到别人的摆布。

如果一个人经常穿色调单一的衣服，说明他是一个正直果断、为人坦诚的人，然而他们平时办事缓慢，给人木讷的感觉。

平时习惯穿淡色衣服的人，通常性格外向，活泼开朗，交际圈广，拥有一大批知心朋友，经常和他们交流；而习惯穿深色衣服的人，比较内向，经常沉默不语，很少和人交流。

喜欢穿短袖的人，一般情况下，待人随和，为人爽快，办事喜欢提出自己的主见和看法，思维缜密，理智客观，不喜欢按部就班；而爱穿长袖的人，思维比较保守，缺乏冒险意识，适应能力较强，可以尽快融入新环境。

喜欢穿宽松衣服的人，往往性格懦弱，不善言谈，交际能力差，尤其是遇到陌生人更是表现出胆怯害羞的一面。由于适应能力差，到了新环境，他们很难适应。

2. 帽子的选择

喜欢戴礼帽的人，往往性格沉稳，待人热情，具有绅士风度。他们个性十足，爱憎分明，有些自命不凡。

喜欢戴鸭舌帽的人比较老练，凡事考虑周全，具有大局意识，他们不会直接说出自己的主张，让别人感到很神秘。

喜欢戴圆顶毡帽的人，通常兴趣广泛，凡事会隐藏自己的意见，很少表明自己的立场和看法。由于很少得罪他人，所以他们是交际场合的常青树。

还有一类人，他们的帽子五颜六色，平时他们会根据不同的场合决定戴不同的帽子。他们擅长交际，朋友圈广，办事灵活性强，不循规蹈矩。

3. 鞋子的选择

一般情况下，不同性格的人喜欢穿不同的鞋子。

对于自立意识强、忠诚度高的人，他们对鞋子没有特殊的要求，很长一段时间内喜欢穿同一款鞋。

对于个性普通、欲望不强的人，他们更多选择没有鞋带的鞋子。在他们眼中，只要自己的鞋保持干净整洁、舒适度高，便达到了他们的要求。

喜欢张扬、表现自我的女性，喜欢穿高跟鞋。她们善于思考，责任心强，一方面会衬托自己苗条的身材，另一方面显示自己高贵的气质。

对于喜欢运动、性格随和、自律性强的人，他们更喜欢穿运动鞋。他们追求高雅舒适的生活方式，注重生活品位，经常组织朋友一起外出踏青。

对于性格随和、思想前卫、个性十足的人，他们喜欢穿拖鞋。他们有自己鲜明的看法，凡事总是自己想办法解决。

4. 袜子的选择

对于女人而言，平时经常穿裤袜的人，往往反映出她们思想传统，家庭观念很重。另外，她们在人际交往中是十分有礼貌的，彬彬有礼，待人和蔼、优雅且尊重他人。

如果经常穿的是短袜，说明她在与人交往的过程中喜欢独来独往，不懂得欣赏对方，凡事缺乏自我思考和判断。

如果穿的是名贵丝袜，说明女生穿衣十分讲究，十分在意个人形象。很多时候，她总是站在别人的角度考虑问题，很少替自己着想。

如果经常穿彩色袜子，说明她们十分在意自己的个人形象，希望自己在优越的环境中成长，对自己在重要场合的穿着十分在意。她平时身边的朋友不诚实，过于圆滑，因此并不能和他们深入相处。

第三节　透过细节看性格

现实生活中，一个人不经意的细节往往可以反映出他的日常习惯。众所周知，习惯的形成并非一蹴而就，而是长时间形成的。因此，它们最能体现出一个人的性格特征。

1. 阅读习惯与品性

报刊书籍是很多人日常生活中不可或缺的一部分。大家之所以阅读，是因为书籍是人类智慧的结晶，是记录世界万物发展的载体。因此，从小喜欢阅读，爱上阅读，既可以提高一个人的道德修养，还可以提高他对世界万物的认识和了解，增强他的综合能力。

有些人阅读，只是为了了解文章内容的大概，因此他们往往主要是浏览文章的标题；有的人阅读，只是为了挑选自己感兴趣的话题去读，因此他们更多时候只是关注自己感兴趣的内容。这类人往往性格外向，自信开朗，对新鲜事物充满好奇。他们有领导才能，可是通常办事时忽略细节，做不到一丝不苟。

有的人阅读报纸只是为了打发时间，当他们拿到报纸的时候，通常囫囵吞枣浏览一遍，知晓国内外最新发生的事件，然后随手一扔。

他们通常在有空闲的时候才粗略浏览报刊。一般情况下，这类人性格内向，平时办事不求细致，按部就班，可是他们平时信息量比较广泛，善于言谈。

有的人专门抽时间认真阅读报纸。当他们拿到报纸后，并不急于阅读，而是先把报纸放在一边。他们通常把精力旺盛的时间都放在要紧事务上，等把手头的工作安排完毕，或者自己工作一段时间感到劳累后，他们往往会静心阅读报纸。他们有时会认真阅读一篇精美散文，或者用笔详细摘抄文章中的优美段落或句子，有时他们还会将报纸中的重要内容进行裁剪，进行归档保存。这类人办事认真细心，踏实勤恳，领导交代的事情都能按照要求不折不扣地去落实。

日常阅读中，报纸的内容十分丰富和广泛，而不同的人因兴趣喜好不同所选择和关注的领域不同。这也能从侧面反映出他们不同的性格喜好。

平时关注财经方面消息的读者，往往不安于现状，善于拼搏，遇到问题迎难而上。他们喜欢争强好胜，当落后于别人的时候总是十分着急，总要想尽一切办法进行追赶。他们的功利心强，总是抓住一切机会寻求发展和突破，进而为自己谱写精彩灿烂的人生。

平时喜欢关注时尚内容的读者，对最前沿的时装等信息比较敏感。他们往往是都市白领一族，熟知各类知名品牌，对流行款式的服装等比较了解。

平时喜欢阅读武侠小说的读者，通常心中有浓厚的英雄情结，总是期盼自己有朝一日可以飞黄腾达。他们对人生情感感触颇深，多追求浪漫，可是有时候会脱离现实，不切实际。

2. 名片中的个性

现实中，每个人在社会中扮演着不同的角色。小小的名片便是人际交往中的必备沟通工具。

人际交往中，名片是一个人简单的履历表，里面详细标明姓名、职务、地址、联系方式等个人信息。因此名片是每个人最重要的书面介绍材料。

小小的名片样式各异，从不同角度反映了名片持有人的性格。如果名片中不体现个人头衔，往往是事业上有所成就的人。他们是十分自信的人，遇到问题往往能够自己解决。同时他们主见性强，不喜欢自己被别人管束。

如果名片设计上个性十足，标新立异，则说明持有人个性鲜明，喜欢表现自我。他们的表达能力强，口才极佳，同时他们爽快耿直，爱憎分明，经常直抒胸臆。另外，他们可能自理能力差，凡事总喜欢依赖他人。

如果名片中显要位置标明家庭情况，则说明持有人对家庭、事业都有很强的责任心。他们成熟稳重，希望有朝一日能够出人头地。同时他们对工作尽职尽责，兢兢业业，恪尽职守，殚精竭虑。

如果先于对方递送名片，代表对对方有诚意；如果用双手接受名片，代表对对方的尊重和敬意；如果接受对方名片时毫无反应，则是对对方的不敬和漠视。

名片是个人信息的卡片，携带方便，不仅可以体现持有人的身份，而且有助于让对方第一时间了解自己。因此，为了增进相互的了解，交换名片是一项必不可少的环节。在发送名片的过程中，如何让对方乐于接受，需要注意以下几方面：

进行交流前，要提前准备好自己的名片，统一放在一个地方。比如办公桌前或者自己的皮包或者口袋中。切忌不能将个人名片和其他东西混在一起，防止在手忙脚乱的时候拿错名片。

如果外出或计划参加重要的社交活动，千万记得要带名片。如果参加会议，记住只能选择会前或会后向别人递送名片，切忌不能在会中擅自交换名片。

如果身处在相互并不认识的人之间，要让对方先递送名片。发送名片最好在刚见面或者相互道别时。要是自己将要发表讲话，可选择在讲话前发给现场的人，这样有助于对方认识自己。

如果参加商业社交活动，发送名片要有选择性和针对性。千万不能随意乱发名片，这样会让别人误解你在推销自己，或者认为你在替公司做宣传。

如果遇到陌生人或偶遇的人，发送名片要讲究时间和场合，不能在谈话时发送名片。这样会无形中打扰别人。

向对方递送名片的时候，记住要用双手或右手，用双手拇指和食指执名片两角，让文字正面朝向对方，递交时要目光注视对方，微笑致意，可顺带一句"请多多关照"。

当接受名片的时候，要用双手接收，同时要认真浏览一下名片上的内容，以示尊重。如果要继续与对方交谈，应将名片放在桌子上，不能马上收起来。

3. 办公桌上的个性

心理学专家表示，职场生活中，日常办公桌的状态，往往可以反映出办公人员的性格。

如果办公桌整洁利落，所有物品摆放得井井有条，说明办公桌的主人办事有条理，脚踏实地，按部就班，值得信赖。他们是典型的完美主义者，办事有计划又守时，工作中追求效率，一丝不苟，很少出错。

如果办公桌杂乱无章，乱成一团，那说明办公桌的主人平时办事总是毛毛躁躁，没有合理的规划，不善管理。他们的办公文件通常堆积如山，没有合理的归类，导致工作中总是抓瞎，经常会出乱子，这会导致工作效率低下。

如果办公桌虽然很乱，可是却有序，涉及工作方面的文件分门别类安排得十分合理，那说明办公桌的主人擅长抓主要矛盾，会将工作中的重点工作安排得十分合理。

如果办公桌上摆放一些有个性的物品，比如个人照片等，说明办公桌的主人讲究个性，是个个性十足的人。他们具有一定的领地意识，充分利用办公桌的面积，成为自己的领地。他们通常以自我为中心，具体工作中他们会有自己的主张和个性，会充分发挥个性，展现自己的能力。

4. 开车习惯与性格

一个人对车辆的控制如同他对身体的控制一样，往往可以反映出他的性格。如果将车辆当作自己身体的延伸，那么平时驾车的习惯和个性往往可以体现他的心态。

一个严格遵守交通规则、按规定速度开车的人，平时在生活中一定是遵纪守法之人。这类人办事追求稳妥，中规中矩，不喜欢冒险。

只有有了十足的把握，他们才愿意付诸行动。这类人的缺点是办事缺乏灵活性，不懂得变通。

　　一个行车速度总是慢于规定速度的人，往往是不自信之人。他需要通过现实的磨炼不断丰富自我，进而培养更多的自信。

　　一个总是超速行驶的人，办事总是过于急躁，缺乏耐性；同时他不喜欢遵守规则，不喜欢受制于人。

　　一个开车总是按喇叭的人，说明他平时脾气过于急躁，遇到问题和难处很难静心去面对，应变能力差。

　　一个不喜欢换挡的人，说明他平时办事总希望安排得十分妥当，喜欢拥有自己的生活方式，遇到难处不喜欢向别人请教。

　　一个绿灯一亮便急于行驶的人，性格比较急躁，凡事总是抢先于别人；而绿灯亮后才缓慢行驶的人，是比较安稳之人，哪怕别人再着急，他也会按照自己的节奏办事，不急不躁。

第五章

好 性 格 是 人 生 财 富

第一节　成功人士的优秀性格

世界上有很多不同领域的成功人士，他们之所以能够功成名就，取得令人瞩目的成就，取决于他们具有良好的性格。行为养成习惯，习惯形成性格，性格决定命运。每个人性格的形成并非一日之功，需要长时间的积累。而良好性格的塑造更是需要循序渐进的过程。要想塑造良好的性格，需要大处着眼、小处着手，重视日常行为习惯的培养。如果忽视习惯的培养而想要具有良好的性格，无异于空中楼阁、天方夜谭。

罗曼·罗兰说过，没有伟大的品格，就没有伟大的人，甚至没有伟大的艺术家、伟大的行动者。因此，要想成为伟大的人，必须具备优秀的品质。

任何人的成功都是不容易的，都是很多优秀性格综合作用的结果。而自尊、自信、责任、勤奋、宽容等，都是优秀性格的组成部分。

1. 自尊是伟大事业的源泉

富兰克林说过："站着的农夫，要比跪着的绅士高得多。"对于每个人而言，首先要懂得自尊。自尊，即自我尊重。一个人要懂得自尊，就必须做到既不能让自己受到别人的歧视，也不能向别人卑躬屈膝，这是性格中的优秀品质。自尊的人懂得尊重他人，因为他知道要赢得他人的尊重，首先要尊重他人。

学会自尊，就可以调节自己在日常生活中的心态和情绪，就会让自己保持积极客观、处变不惊的良好心态。如果一个人没有自尊，他的人生将会索然无味，失去人生的价值和意义。一个连自己都不尊重的人，根本没有资格谈论对别人的尊重。

美国著名学者斯特娜夫人认为，自尊心是一个人品德的基础。若失去了自尊心，一个人的品德就会瓦解。懂得自尊的人，会为自己设定明确的目标，他们懂得办事要坚持，不放弃；要耐心，不气馁；要信任，不灰心。只有相信自己，尊重自己，才会通过自己的努力实现自己的价值，获得别人的认可，享受自尊的愉悦。

懂得自尊的人，是明智豁达的。他们十分清楚，保持自尊也必须掌握一定的分寸。过度的自尊，则使我们越发敏感，作茧自缚，最终体验不到生活的乐趣。过分自尊，往往会拘束住人们的热情，让原本开朗的性格变得孤僻自私。过分的自尊还会导致人们办事过分拘谨，很难放开手脚去办事。因此，自尊应该成为促使人生不断进步的动力，而不应成为束缚身心的枷锁。

懂得自尊的人将会遵守社会道德和规则，在文明的尊严中获得相互的尊重，让社会秩序更加井然有序，让文明行为更加深入人心。

2. 自信是成功的第一秘诀

自信，是建立在客观事实的基础上的。拥有自信的人，往往知晓自己性格中的优点和缺点，懂得自己的能力和水平，在具体行动中会扬长避短，充分发挥自己的才智，进而实现自己的目标。

自信是一种积极向上的信念，需要有面对失败的勇气、克服困难的决心和抓住机会的能力。有自信心的人，可以化渺小为伟大，化平庸为神奇，所以我们必须拥有自信。

自信是一个人实现目标的基石。拿破仑说："在我的字典中没有'不可能'的字眼儿。"一个人首先要坚信自己是有价值的人，他才能成为有价值的人。拥有自信的人会产生一种为目标不懈拼搏、不达目的决不罢休的强大动力。一个人的一生不可能顺心顺意，总会遇到很多困难，遭受很多失败。不论怎样，最重要的是要拥有对人生的自信和对一切困难的藐视。只有满怀自信，才能无所畏惧，战胜人生道路上的一个个艰难险阻，赢得更加精彩的人生。

自信是人生不懈拼搏的动力。自信的人总是对自己的目标充满信仰，进而产生无比强大的动力和毅力。一个自信的人会相信自己，从不言败，直到成功。自信的人拥有旺盛的精力、开朗的性格以及顽强的毅力，当遇到困难的时候，他们会想尽一切办法去克服。同时他们还会积极向别人请教，共同讨论解决问题的办法。

自信是人生期盼的理想境界。一个人有了自信，才能朝着自己的理想不懈奋进，早日到达自己期待的理想境界，让自己成为自己所希望成为的人。因此，在通往成功的道路上，不论何时何地，绝对不能让自己有丝毫灰心丧气的念头。一位名人说过，一个人是否能够成功，主要看他是否具有自尊心和自信心这两个条件。由此可见，一个人必须有自信，有了自信，他才会拥有克服困难和战胜挫折的勇气和决心，才会早日迎来属于他的成功的曙光。

自信是实现个人魅力的钥匙。一个自信的人会勇于借鉴他人的经验，客观评价自己，不仅看到自己的长处，还会看到自己的短处。每个人都是自己人生航船的掌舵者。人的一生，只有高高扬起自信的风帆，乘风破浪，不畏险阻，才能克服万难，穿越暗礁，早日到达成功的彼岸。

3. 责任心是通往成功的不二法门

一个人拥有责任心，他不仅要对自己个人的行为负责，而且还会承担其对他人、集体、社会的责任和义务。

对于每个人而言，责任心是一种职责和义务。我们每个人身处在社会中，是社会的组成部分。所以我们必须遵守规则，承担责任。

现实生活中，每个人扮演着不同的角色，而每种角色往往意味着一种责任。正是因为我们需要承担责任，所以必须要付出一定的代价，同时我们也拥有获得回报的权利。

一个有责任心的人，会在自己的具体工作中尽职尽责、任劳任怨，尽早完成自己的本职工作。一个人是否有责任心，并非与生俱来，而是需要在后天的环境中不断培养。

责任心可以和很多品质结合在一起，一个责任心强烈的人，定是善良、守时、诚信、宽容、勇敢、富有魅力的人。一个具备责任心的人会拥有强烈的自信心和使命感，会不断进取，对生活积极乐观，对工作激情奋斗，自觉地按时并保质保量地完成工作，履行职责。责任心是一个优秀的人所必备的品质。当你发现责任心是一种难能可贵的优秀品质之后，请你寻找到它，并且培养它。

责任心是一种态度，也是一种认知意识，我们需要通过树立正确的人生观和价值观来提升对责任心的认识。我们需要培养自己的责任心，完善自己的人格品质。我们可以尝试在一张纸上写下自己需要负责的事情，需要加强责任心的方面，进行自我管理、自我完善。保持和改善你对于各类事情的责任心，每天进行自我反思，坚持这样做，渐渐养成一种习惯，你就会发现，你的生活在悄悄改变。

生活中我们会扮演很多角色——子女、学生，将这些角色饰演成功，就是对责任心的完成。我们很多学生在与家长通电话的时候，会感到厌烦，对于家长的说教会反驳；上课的时候玩手机，甚至迟到、早退、旷课上网……这些必将成为过去，当你老了，回想起学校时光，你会为自己缺乏责任心而感到羞愧，你会因为没有完成好你的责任而后悔。作为子女，你的责任是给予父母更多的关爱和日后提供给他们更好的生活环境；作为学生，你的责任是好好学习，在社会竞争日益激烈的现在，我们应该奋力追赶，自强不息。

我们在扮演着不同的角色，并且具备不同的能力，一个人具备了某些能力时就应该对相应的事情负责。能力越大，责任就越大。社会中有很多杰出人士和公益者，他们都知道什么样的能力，对应什么样的责任，他们的付出是因为强烈的责任心。我们需要以这类人为榜样，力求积极上进，升华自己的责任心，为自己的人生书写出彩的一笔。

4. 勤奋是人生最好的舞台

成功是百分之九十九的汗水加上百分之一的灵感。因此，不论做任何事情，没有勤奋都是空谈。正所谓一勤天下无难事，所有事情的成功都需要勤奋。离开了勤奋，所有事情都只能成为泡影和空谈。

勤奋是一个人事业成功的必备因素。历史上很多成功人士都是因为勤奋才获得最终的成功。勤奋之人，必须制定远大的目标，同时还要有为了实现目标不懈拼搏和努力的决心与勇气。成功的路上一定会充满很多艰难险阻，必须要通过勤奋的努力去克服它们。只有战胜它们，自己才能早日迎来实现目标的辉煌时刻。

一勤天下无难事。一个人只有通过勤奋才能为自己的人生插上翅膀，才能为自己带来人生的幸福和快乐。如果整天总是贪图安逸和享乐，人生就会失去方向和动力。只有让勤奋成为习惯，积极行动起来，才会改变人生。

对于古罗马人而言，他们拥有两座神圣的圣殿，分别是勤奋的圣殿和荣誉的圣殿。不论任何人，他们在安排座位时必须经过前者才能到达后者。其中的寓意可想而知：任何人只有通过勤奋才能迈向荣誉的殿堂。

有的人整天总是怨天尤人，抱怨自己的人生时运不济，可是世界上没有唾手可得的成功。任何人的成功都是建立在勤奋的汗水的基础上的。而导致他们最终失败的原因便是他们光是贪图享受，不懂得勤劳付出。当别人心无旁骛地为目标和理想奋斗的时候，他们却整天无精打采、萎靡不振，浪费大好的光阴；当别人树立远大的志向和目标的时候，他们却整天踟蹰犹豫、不知所措；当别人充分利用千载难逢的机会创造价值的时候，他们却因没有充分的准备让机会与自己擦肩而过。

有一个人，他整天为找工作而犯愁。有时候好不容易有一份工作，可是没过几天他就被公司解雇。于是，他整天自怨自艾，抱怨命运不公。可是他从来没有从自己身上找原因。面对一份新工作，他要么上班迟到，要么没有按时完成领导交代的任务，时间一长，公司便发现他是一个十分懒惰的人，根本没有养成勤奋的习惯。结果可想而知，所以他总是难逃被解雇的命运。

很多时候，人们都明白只有通过勤劳付出才能获得成功的道理。可是一旦到了实际行动中，他们总是很难严于律己，最终让自己因懒惰而失去发展机会，注定要失败一生。

有一位画家，他每天都计划要画一幅圣母玛利亚的画像。可是他总是在脑海中构思，设计不同的角度和姿势。可是由于他迟迟不付诸行动，直到他临终前也没有画出这幅画。

现实中很多人就像故事中的画家那样，把计划和目标整天停留在理论阶段，从来不去付诸行动，最终他们也只能空喊口号，一事无成。对于任何事业而言，不肯付出就永远没有收获，唯有付出才有成功的希望。

勤奋是人生最好的助力剂，懒惰是人生最大的绊脚石。人的一生，如果贪图安逸只能让自己走向堕落；而只有勤奋努力才能让自己拥有精彩的人生。所以让我们与勤奋和智慧为友，为书写自己精彩的人生而不懈努力。

5. 人生需要宽容的胸怀

世界上最大的是海洋，比海洋更大的是天空，比天空更广阔的是人的胸怀。如果人拥有一颗宽容之心，就会懂得感恩，珍惜当下，珍惜一切。一个人要以海纳百川的胸襟去体谅他人，容纳不同人的意见，包容他人的不足，用笑脸来迎接悲惨的命运，用百倍的勇气来应对一切的不幸。

懂得宽容，必须拥有一颗博大之心，具有容人之度，凡事要做到

"以责人之心责己，以恕己之心恕人"。与人交往时，要多理解他人，不斤斤计较个人得失，做到严己宽人。

宽容是一种难得的胸怀。做一个宽容之人，就会拥有博大的胸怀，就会拿得起、放得下，容得天下难容之事。与人相处的过程中，要多一份容人之心，遇事不计较、不忧伤，把自己更多的精力放在实现人生价值的事情上。

一个人只有拥有博大的胸怀，才能获得渊博的知识和显赫的地位，进而创造幸福的生活。很多人整天为蝇头小利而斤斤计较，整天背负沉重的包袱，让自己喘不过气来，活得很累。而拥有博大心胸的人，则能凡事多宽容他人，保持乐观的心态，拥有快乐的人生。

宽容是一种人生气度。一个人要宽容他人，就要放下个人恩怨，待人以宽、不计前嫌、不报私怨，进而让自己拥有从容不迫的气度。那些度量狭小之人，整天怨天尤人，自怨自艾，睚眦必报，难成大事。因此，我们要做有气度之人，面对顺境处之泰然，面对逆境宠辱不惊。

宽容是一种人生修养。金无足赤，人无完人，每个人都会犯错。面对别人的错误，要将心比心，宽容他人，体谅他人。这样当自己犯错的时候，别人也会选择谅解自己。

宽容是一种人生品质。现实中，衡量一个人的好坏与善恶，不能以相貌为标准，而是应以品质为标准。品质是一个人思想素质的内因，是一个人行动的外在表现。透过品质，可以了解一个人的内心。

虽然整个社会都建立在互不相让的基础上，可是良好的关系却是建立在宽容互谅的基础上的。当相互之间产生矛盾和冲突的时候，要宽以待人，让是非恩怨烟消云散。即使曾经与对方发生不悦，也要以包容的笑容对待他人。只有真诚待人，才能让自己收获幸福和快乐。

面对逆境，人生可能会遭遇不幸，要始终有战胜困难的信心和勇气。如果不小心跌倒，千万不能一蹶不振，整天趴在地上懊悔不已，而是应从头再来，继续前行。人生最可怕的是失去对自己的信心，所以不论什么时候必须对自己有信心。

宽容也需要技巧。给一次机会并不是纵容，不是免除对方应该承担的责任。任何人都需要为自己的行为负责，承担自己造成的后果。否则，对方会一而再、再而三地犯错。所以对别人宽容必须有一定的底线，不能一味纵容他人。

第二节　人的性格并非一成不变

众所周知，每个人的性格各有不同，其形成过程并非一朝一夕，而是在具体实践中循序渐进形成的，其一旦形成便不会轻易改变。另外人的性格一般会因不同的场合而表现不同，而其行为的偶然特征并不能认作是他的性格。比如，有些人平时做事很果断干练，这并不意味着他做任何事情都毫不犹豫，他也有徘徊不定的时候。那么我们就应当这样认为，他的性格特征是果断干练，而做事犹豫并不属于他的性格。再比如，一个人平时办事总是按部就班，照搬照抄，不懂得灵活变通，而在特殊情况尤其是他熟知的领域，他的表现往往十分熟练，游刃有余。因此，我们认为灵活并不是他的性格特征。

人的性格具有一定的稳定性，可是这并不意味着他办事总是按部就班，特殊情况下，他也会表现出灵活性。比如有的家长平时特别溺爱孩子，这会导致孩子适应社会的能力差。尤其是当孩子到了求学年龄，需要告别家长到幼儿园过集体生活。这时，他们之前在家中养成的不良习惯便会得到一定程度的遏制。

一般情况下，孩子年龄偏小，其性格的形成经常会受到环境的影响。而成人性格比较稳定，周边环境很难促使其性格的改变。不过这并不意味着他的性格无法改变，只要他经常进行自我反思和调整，相信他一定能够纠正自己的不良性格。

有的人觉得人的性格与生俱来，无法改变。尤其是有些人的脾气很暴躁，认为自己从生下来就是那样，其实事实并非如此。

心理学专家表示，一个人的性格通过其具体行为是可以改变的。因此，要想改变性格，最重要的是要从他的行为习惯入手。尤其是对于孩子，年龄尚小，家长们从小必须注重孩子良好行为的培养，进而塑造他们良好的性格。

事实证明，母爱对婴幼儿时期的孩子性格的形成具有十分重要的作用。为此，心理学专家特意做了"情感剥夺实验"，实验对象是两群刚出生的小猴子。其中一群猴子被关在什么也没有的铁笼子里面，每天定时会有人专门喂它们吃奶；而另外一群猴子则给它们提供了一个毛绒玩具式的猴妈妈，它们经常会在吃饱喝足后在假猴妈妈周围嬉戏打闹。等这些猴子长大后，专家发现，它们的性格截然不同。第一组猴子性格暴躁，胆量小；而第二组则恰恰相反，不仅胆子大，而且对人不反感，易接触。由此可见，儿童时期如果没有母爱的陪伴，对孩子良好性格的形成极为不利。

另外，家庭中父母的习惯对孩子性格的形成也起着十分重要的作用。因为孩子从小在父母的教育和指导下成长，父母的习惯会在潜移默化中对孩子产生重要的影响，他们会模仿自己的父母，进而形成自己的行为习惯。

比如有的家长平时喜欢阅读，经常到书店或者网上买书。这种环境中成长起来的孩子也会渐渐喜欢读书，对阅读慢慢产生兴趣。而喜欢上阅读，有助于培养孩子的理解力、判断力和想象力，对孩子写作能力的提高也很有帮助。

同样，有的父母平时十分喜好整洁，经常把家的里里外外收拾得干干净净。从小在这种环境中长大的孩子，一般也会养成办事有条不紊的好习惯。

第三节　如何改变性格

每个人从小到大，在不同的环境下长大，进而形成不同的性格。有的人认为性格是与生俱来、难以改变的。其实不然，这要追溯到性格的形成因素。

众所周知，人的性格的形成，无非是周边环境和个人经历等众多因素作用的结果。要想改变性格，那么就要从改变周边环境以及调整自身因素做起。

社会学表明，一个人的成长环境因素包括自然环境因素以及社会环境因素。比如有的男孩从小就被父母当成女孩养，经常穿女孩的衣服，这会导致男孩从小在性别角色认识上存在偏差，进而产生心理错位；有的孩子从小在家庭暴力的环境中成长，这种孩子会形成做事鲁莽、缺乏思考的性格；有的孩子从小被父母长辈娇生惯养，则会形成蛮横无理、自私自利的性格。

小杨毕业于知名院校，是一个亭亭玉立的女孩。如今，她都已经28岁了，虽然周围有很多男孩追求她，可是她都嗤之以鼻，没有一个看上眼的。她的母亲很着急，总是拜托周围亲朋好友给她介绍对象。可是她经常是碍于情面去认识对方，并没有和对方深入相处的打算。究竟是何原因导致小杨产生排斥男生的心理？

原来小杨从小成长在一个单亲家庭里。当年，她的父母之所以离婚，是因为她的父亲对家庭十分不负责任。平时他总是和社会上的狐朋狗友称兄道弟，深夜喝得大醉才回家。另外他一旦喝酒回家后总是暴打小杨母女俩。正是父亲的常年暴力，导致母亲对父亲失去了信心，最后决定和父亲离婚。

而正是从小在缺乏父爱的家庭环境中成长，导致小杨对周围的男性特别排斥，总是认为他们会和父亲一样没有责任心。

小杨的例子说明，一个人的成长环境对他的影响至关重要。因此，我们平时要对自己的周边环境有清楚的认识和了解。比如你周边接触的都是一些喜欢喝酒的朋友，时间一长，哪怕你平时厌恶喝酒，你也会慢慢养成喝酒的习惯。

正所谓近朱者赤，近墨者黑。平时我们在与外人打交道的时候，要学会择人而交。对于周围的朋友，我们也要抱"择其善者而从之，其不善者而改之"的态度。如果你平时多和学习上进、积极努力等具有正能量的朋友相处，相信你自己也会逐渐改掉懒散拖沓的坏习惯，成为积极上进的好青年。

改变个人性格，除了受到周围环境的影响外，更重要的还是自身因素。而要想改变性格，最关键的是从自身入手。

1. 没有亲身体会，绝不痛改前非

社会上，绝大多数人往往都有这样的经历：只有自己深刻体会到某种不良嗜好的害处后，才会痛改前非。平时哪怕旁人苦口婆心说很多遍，总是无济于事。只有亲自碰壁尝到苦滋味，他才能心领神会、幡然醒悟。

王智平时有熬夜打游戏的习惯。平时母亲经常告诫他打游戏要有节制，尤其是熬夜打对身体十分不好。可他总是将母亲的告诫当成耳旁风，从不记在心上。有时第二天上班有重要会议，他还会打到凌晨三四点才休息。

一次，正是由于他前一天晚上沉迷游戏，忘记了领导交代的工作上的事情，导致第二天公司谈判时出现重大失误，最后他被公司记大过。

正是这次教训让他深刻认识到熬夜打游戏确实很误事，最终他决定吸取教训，删除手机上所有的游戏软件。

现实中，每个人都会犯这样那样的错误。面对自己的错误，要想加以纠正，必须认识到错误的危害性，这样才能从根本上予以杜绝。

2. 打开心扉，学会与人沟通

有的人遇到事情不愿意向别人开口，总是把它们闷在心里。正是由于缺乏交流和沟通，往往导致他们失去了解决问题的最佳时机，最

后他们只能悔之晚矣。而尝试打开心扉，学会与人沟通，任何难事往往都能够水到渠成、迎刃而解。

张瑾平时的学习成绩在班里即使不是名列前茅，也算不错，稳定保持在班里前十名。尤其是到了初二年级，新增物理课程以来，由于他喜欢这门功课，平时在这门功课上下的功夫最多，他的物理单科成绩在班里数一数二。

可是自从物理课进入力学课程以来，他的物理成绩突然下降了很多。因为那段时间他生病请假，耽搁了两星期的课程。而这段时间正是力学课程的关键期。他正是因为错过了那段时间的课程，导致他的物理成绩一落千丈。

自从他的物理成绩下降后，物理课黄老师十分着急，特意把他叫到办公室，询问他是不是因为落下课导致他学习退步。张瑾平时性格比较内向，不善言谈。尤其是见了老师，心里更是胆怯，不敢说出自己内心的真实想法。

后来，他同桌梁艳的一番话对他的帮助很大。

"张瑾，其实我们很羡慕你。你看，最近你的物理成绩不理想，老师那么关心你。你要是有什么不懂不会的，下课后多问老师，老师一定会耐心辅导你的。这机会要是给了我，我真是求之不得！"

对呀！既然黄老师这么重视我，我为什么不去让老师辅导我？经过激烈的思想斗争，张瑾坦诚地向黄老师说清楚了自己最近物理力学知识上的不懂之处。后来经过黄老师的耐心辅导，张瑾的物理成绩得到了很大的提高。

3. 坚持不懈，切勿浅尝辄止

有些人做事情总是缺乏耐心。他们虽然曾经做过努力，可是最后还是前功尽弃、竹篮打水一场空。改变性格也是如此，这绝非是一蹴而就的事情，而是需要持之以恒的坚持。

生物学家童第周被誉为"中国克隆之父"，为国家作出了重大贡献。他的成就的取得，和他儿时父亲对他"水滴石穿"的教育有着很大的关系。

童第周小时候，父亲为了培养他耐心办事的习惯，特意给他题了"滴水穿石"的条幅，旨在告诫他世界上没有穿不透的顽石，只有没有耐心的人。不论做任何事情，都必须有耐心，缺乏耐心，任何事情都无法完成。

后来，他到宁波师范预科学校读书。当他读完第一学期的时候，他为自己定下报考效实中学的目标。效实中学是当时全省的重点中学，要想考取绝非易事。更难上加难的是，这所学校对英语的要求很高，全程都是用英文授课。当家人认为他的能力达不到这所学校的要求的时候，童第周并没有对自己失去信心，他认为既然滴水通过持之以恒的努力最终能够穿石，只要他认真努力、耐心学习，一定能考上。

为了实现目标，他每天坚持自学英语。那段时间，他除了吃饭，所有的时间都放在了攻克英语上面。功夫不负有心人，经过努力，他最终考上了效实中学。

等到正式开学的时候，他发现自己是全班排名最后的。因此，他又为自己树立了目标，他要争当全班第一。同样，他通过自己锲而不舍的努力，最终成绩由刚入学时的倒数第一，提升到了全班第一。

童第周的故事，确实让人受益匪浅。不论做任何事情，都必须坚持不懈、持之以恒。只要有耐心，铁棒就可以磨成针。因此，每个人要想实现自己的理想和目标，必须坚持不懈，遇到困难要勇于面对，不能自怨自艾。只有迎头赶上，才能获得成功。如果遇到困难，总是浅尝辄止，最终只能半途而废。

一位名人说过，事业常成于坚忍，毁于急躁。在沙漠中，匆忙的旅人落在从容者的后边；疾驰的骏马最终会落在后头，缓步的骆驼继续向前。因此，生命里最重要的事情是要有个远大的目标，并借助坚毅与忍耐来完成它。

第四节　努力尝试改变自己

从前，一位父亲计划要进行一次关于成功与心态的主题演讲。当他在家中准备演讲稿的时候，旁边的儿子一直在喋喋不休，导致他静不下心来进行准备。一气之下，他随手将自己书桌上的一本杂志中的一幅地图撕成碎片。他对儿子讲，如果他能在短时间内将撕碎的地图拼好，他将会给儿子一直想要的变形金刚玩具。

父亲原本以为对于儿子而言，拼好撕碎的地图是一件难以完成的事情，他只不过是想为儿子找件事情打发时间罢了。可是令他感到意外的是，儿子在短短半小时之内便将地图拼好了。

父亲十分惊讶，问儿子在短时间内完成的技巧。这令儿子很有成就感，他告诉父亲这张地图的背面恰好是一个人的照片，他改变了一下思路，如果将这个人的照片拼好，那么自然而然，反面的地图也就拼好了。

这件事令父亲深受启发，儿子拼图这件事不也正好是他所准备的关于成功与心态演讲最好的事例吗？于是，父亲便以此为案例准备了演讲，结果大获成功。

的确，要想改变外部环境，很多时候是难上加难。而从改变自我开始，往往会给你带来更多的机会和可能。

现实中，很多人都想飞黄腾达、一夜成名，然而人世间没有不付出便会得到的成功。要想改变现状，首先必须尝试改变自己。

一位名人说过，没有人可以回到过去开始一段新的旅程，但是任何人都可以演绎今天，创造一个新的结局。的确，命运掌握在你的手中，而改变人生和命运的钥匙是由你掌握。

因此，为了实现自己的人生目标，我们每个人必须学会寻求突破，努力改变。当人生阅历日渐丰富，我们会发现，现实外部环境十分残酷，单凭我们个人的力量予以改变，往往力不从心。而我们唯一可以改变的只有我们自己。

改变自己，并非易事。很多时候，当一个习惯形成后，要想改掉往往难上加难。然而既然做出改变自我的决定，哪怕这个过程再艰难、再痛苦，你也必须迈出坚忍不拔的第一步，只有拿出破釜沉舟的魄力，再加上不成功决不罢休的勇气，才能让自己的精神面貌有脱胎换骨的变化，才能让自己实现改变自我的目标。

一天，程老师在课堂上为学生们布置了一项作业：如何借用一张纸的力量托起五本书。程老师一公布，讲台下所有的学生顿时炸开了锅。

"这怎么可能？一张单薄的纸托起五本厚厚的书，简直是天方夜谭。"

"世界上任何事情都没有绝对的不可能，既然老师布置了作业，我相信它就有可能。我相信只要尝试就一定可以。"

基本上，学生们形成了两派：一派认为这件事是绝对不可能做到的，另一派则认为通过不懈努力可以获得成功。

过了一段时间，有几位同学高呼："我们成功了！"

原来这些同学巧妙地将白纸进行折叠，最终折成长方形的长条，然后他们把长条串成三角形，最后他们一本一本将书放在串成的三角形上。

以上的案例说明，不论做任何事情，都必须要多尝试，不能教条化。

心理学表明，伴随着一个孩子的成长，他对外部环境的认知要经历以下几个阶段：舒适期、延展期和恐慌期。而这几个阶段的连续过程是：一个人从小养成很多习惯，而要想调整自我，改变习惯，必须痛下决心，摆脱舒适期，进而开展新的延展期。这期间，他一定会遇到很多新挑战和新难题，他会陷入新的恐慌期，而只要他正视现实，直面难题，他一定会适应新环境，进入新的舒适期。而我们每个人便是在以上周而复始的不同阶段中经营我们的人生。

改变自我的最佳方式是通过循序渐进的步骤让自己适应延展期，切记不可不切实际、好高骛远。

假如一个人体重200斤，他想要锻炼身体进行减肥。如果之前他长时间没有进行锻炼，一下子每天走5公里，超出了他身体正常的承受范围，那么这会导致他进入另外一种极端：过度延展。当然，如果他还是和以前一样，每天不是上网聊天，就是沉迷游戏，享受舒适期的优越和快乐，那么他的人生永远不会发生改变。而进行锻炼减肥的最佳方式是他制订适合自己的锻炼计划，比如每天走2公里，随后逐步加强训练力度，确保自己在可承受的范围内进行锻炼。所以改变自我，千万要记住必须在适当范围内，不可超出负荷。

改变自我，可以按照以下几个步骤进行。

1. 探知内心寻突破

你要询问自己：究竟自己想要在哪方面改变？找到一个或者几个自己喜欢的领域。建议用笔记下来，制订合情合理的计划。

2. 选择爱好最关键

同样做一件事情，如果它是自己的爱好和兴趣，成功的概率会大大增加。所以，在尝试改变自我的同时，必须选择一件和自己的兴趣爱好相关的事情。如果你将自己最喜欢的一件事作为改变对象，相信你一定会早日实现目标。

3. 持之以恒要坚持

很多时候，我们在制订计划和目标时踌躇满志、信心十足，可是在真正落实的时候，却会因种种原因而推迟。因此，坚持不懈、锲而不舍很重要。齐白石之所以成为一代名师，是因为他每天都坚持画画，发扬"不叫一日闲过"的精神。所以作为后生晚辈，我们必须坚持下来，不可半途而废。

4. 循序渐进达目标

改变自我，告别不良习惯绝非是一朝一夕的事情。我们必须制定明确的可行性目标，循序渐进实现自己的计划，切记不可频繁制订计划，这会导致自己三天打鱼两天晒网，最终一事无成。

每个人都是自己人生舞台的主人，要想改变世界，改变环境，首先要改变自我。改变自我就是改变自己的缺点，改变自己落后的一面！面对未来的人生，我们要有努力改变自己的勇气，还要有努力改变自己的决心，具备了这些，我们的人生就永远是一个有活力的人生！

第五节　人生贵在认清自己

从前，一个寺庙里有一头毛驴，它每天的工作就是拉磨碾米。时间一长，它觉得自己的生活索然无味，于是它想走出去开阔一下眼界。

当它听说有一位僧人计划带着它下山拉东西的时候，它不禁喜出望外，认为自己改变命运的机会到了。

僧人去山下拉的是一尊佛像，所以在回寺庙的路上，周围行人对毛驴顶礼膜拜。这令毛驴极其疑惑，不清楚为什么周围的人对自己刮目相看。

等回到寺庙，毛驴开始飘飘然，觉得世界上所有的人都在尊重它、膜拜它，认为自己过去累死累活的日子结束了。从此以后，它便不再好好干活。

这令僧人很无奈，于是他打算把毛驴放下山去。

毛驴刚刚走下山，发现远处十分热闹，走近一瞧，原来有一些人在敲锣打鼓。毛驴以为所有的人都在欢迎自己，于是它便站在路中间接受欢迎。

原来那群人是迎亲队伍。他们见一头毛驴挡住去路，十分生气，于是棍鞭相加、一阵痛打。结果毛驴落荒而逃。

等回到寺庙的时候，毛驴已经奄奄一息，生命垂危，但它仍不明白这是为什么。

其实，现实中我们很多人和这头毛驴一样，长时间不懂得认识自我。很多时候，别人对你的尊重，看重的是你的平台和机会。当你有一天离开这个平台，别人将认为你一文不值。

现实中很多人觉得世态炎凉、人心叵测。很多时候，我们不仅无法猜透别人的心思和想法，其实我们对自己也没有正确和客观的了解。认清自己往往比了解他人更加难。

有美国知名心理学专家针对自我认知提出了"乔韩窗口理论"。他们认为，每个人都是在不断探索的过程中进行自我认知，而自我认知通常包括公开自我、盲目自我、秘密自我和未知自我四个过程。

其中，公开自我指的是自己和大家所共同了解的自我；盲目自我指的是别人很明白而自己并不清楚的自我；秘密自我指的是他人不明白而自己却很清楚的自我；未知自我指的是别人和自己通常都不知道的自我，而通过一些机会，这部分自我往往可以得到更多发挥，这也就是我们通常所说的潜能。

古代，一对父子同时征战沙场。为鼓励并锻炼儿子英勇杀敌，父亲在儿子出征前，将自己家中的传家宝——一个制作精美的箭囊传给儿子。他语重心长地告诉儿子，这里面是世代家传的宝箭，希望儿子一直带在身上，不到万不得已的时候绝对不能轻易打开。

对于这家传宝箭，儿子一直视如珍宝。他无数次在想这里面到底珍藏着什么，无数次想摸摸箭头，但都忍住了。

正是对家传宝箭充满期许，儿子在战场上信心倍增，战无不胜、所向披靡。当又一次鸣金收兵的时刻，儿子再也无法抵挡住宝箭的诱惑，忘却了当时父亲对自己的警告，私自将宝箭锦囊打开。

然而令他大为失望的是，箭囊里面放的竟然是一支被折断的箭。

这令儿子顿时吓出一身冷汗，一刹那间他之前的精神支柱瞬间崩塌。最终，儿子在其后的战役中不幸身亡。

父亲悲痛不已地捡起断箭，无奈地说："战场上需要的是相信自己的士兵，而没有强烈的信念，永远也无法获胜。"

儿子一开始为什么能够屡立战功，是因为他心中一直有一份强烈的信念，而一旦这信念消失，他对成功的渴望便瞬间崩塌。而那份信念所爆发出的能量就是我们平时所常说的潜能。

很多时候，当困难来临的时候，我们往往会爆发出平时自己难以相信的能量。因此，我们要相信自己，多关注自己。一个人不论遇到多大的困难和不幸，哪怕别人对你冷嘲热讽、嗤之以鼻，你也不能对自己失去信心。别人可以选择抛弃你，而你唯一不能抛弃的就是你自己。

那么一个人究竟如何才能更好地增强自我意识呢？

1. 正确对待得失。金无足赤，人无完人。现实中，每个人不能对别人的要求过分苛刻。对于别人的不足之处，要尽量宽容对方。

2. 设定可行目标。我们知道，每个人都应该有远大的抱负，然而如果抱负脱离实际，超出自己的能力所及，往往只能陷自己于不仁不义之地，让自己承受更多的打击。因此，我们平时设定的目标要现实，要在我们的能力范围之内。

3. 确定衡量尺度。现代社会，人们相互之间衡量的尺度往往是功名利禄。随着社会的快速发展，这种现象可能会愈演愈烈。长时间在这种环境中成长，我们在不经意间也会用以上标准衡量自己。可是以上的衡量标准对个人成长是不利的。一个人真正应该需要提高的是自己的擅长之处，增强自己的个人技能。设定人生的目标千万不能过分与别人比较，而是要适合于自己的潜能。

小张平时总是抱怨自己家境不好，从来不从自身寻找原因。

一天，爷爷告诉他："其实你身上拥有别人所没有的财富，只不过你没有发现而已。"

这令小张很着急，不禁问道："我的财富究竟在哪里？"

"你拥有最清澈的眼睛呀，你可以用它去观察世界，了解社会；你拥有最勤劳的双手呀，你可以用它劳动，创造财富。"

爷爷的一番话让小张恍然大悟。其实，年轻是每个青年人最大的财富。社会上有很多机会等待着我们。我们要珍惜和把握住每一个机会。哪怕我们有缺点和不足，我们要尝试不断去完善和弥补。

现实中没有什么是一成不变的，我们不应该总是以统一的标准来衡量自己，也没必要用别人的眼光来束缚自己，我们要学会尊重自己，活出自我。如果我们整天在虚荣的环境中成长，也许短时间内会有好处，可是时间一长，我们将会迷失方向，感到无比的痛苦和难受。

第六章

不 同 的 性 格 色 彩

第一节　性格色彩不同，决定不同的投资效果

小张和小王是一个办公室的同事。最近，股市处于上升期，他们都进行了投资。可是一段时间下来，同样投资五万元，小张稳赚不赔，而小王却连本金都赔进去了。

这源于他们不同的性格和态度。小张对炒股十分上心，经常抽空闲时间观察股市，并且还买了大量投资方面的书籍进行研读。一开始他还是门外汉，什么也不懂，后来他逐渐对很多专业术语开始有些了解，虽然谈不上投资方面的专家，可是对股市他有自己的分析和看法。

而小王则不同，他从一开始就对炒股这件事没有太在意，他把炒股投资只是当作玩一玩的事情。因此，小张利用闲暇时间认真学习的时候，他把更多时间都放在了玩游戏上面。

综合分析小张和小王，他们的性格和态度截然不同，因此他们最终的结果也大相径庭。

现实生活中，不同的人性格不同，他们眼中的世界也不同。同样面对一桌饭菜，抑或面对一件时尚漂亮的衣服，很多人都会有不同的看法，他们的生活也因此有了不同的色彩。

心理学作家乐嘉独自创立了 FPA 性格色彩，按照不同的性格将人

们分为红色、蓝色、黄色和绿色。当面对同样一件事情时，不同性格颜色的人所持的看法和意见是不同的。

很多人都炒股，不同性格色彩的人往往采取不同的投资思维。

比如蓝色性格的人往往对投资十分谨慎，他们不会盲目投资，随行就市，往往在深思熟虑后，根据不同的投资组合进行理财，他们对投资风险十分敏感，如果手中的股票处于涨势他们不会轻易加码。总之，这类性格的人投资虽然不会大赚，可是一般情况下亏的可能性也不大。

对于黄色性格的人，他们往往很有主见，可以根据自己的经验做出自己的判断。他们一旦形成自己的认识，往往不会轻易动摇和改变。哪怕周围的朋友如何反对他，外界媒体如何与他意见相左，他都不会动摇。他们一旦认准一个目标，往往在投入的时候会大量买进，放弃的时候全面撤出。因此，他们经常是要么大赚，要么大亏。

对于绿色性格的人，他们只是把炒股当作一种理财方式，并不期望赚大钱。因此他们往往只是随意投资一下而已，并不会随时去关注。他们所追求的只是顺其自然，因此股市不论上涨还是下跌，他们都不会大赚大赔。

对于红色性格的人，虽然他们经常关注，可是却缺乏主见，一旦听到小道消息，他们也会信以为真。他们会不分青红皂白地进行投资，因此，他们在股市投资上往往很难有大作为。

根据乐嘉老师的性格色彩，我们来分析一下故事中的小张和小王。小张明显属于蓝色性格的人，而小王则属于绿色性格。

这在他们平时工作中也有所体现。在日常工作中，小张办事认真，十分谨慎，认真负责，对于领导交代的工作一丝不苟地完成；而小王则对于平时的工作并不十分用心，对于自己的任务也是马马虎虎。

不同的人性格色彩不同，他们面对同样一件事情的看法也不同，自然也会做出不同的选择。

第二节　购房选择上，不同性格的人表现不同

大学毕业后，母亲找张阳谈话，计划一年后家里为他买套房，父母为他付首付，其余的由他自己分期付款。一开始，张阳很抵触，因为他认为自己刚刚参加工作不久，工资收入并不高，能够满足自己的日常开销就很不错了。如果还要额外承担高额的房贷，会让他压力倍增。

可是，母亲还是坚持自己的主张，毅然为张阳买了房，要求他承担房贷。虽然他万般无奈，可是张阳还是承担了房贷。每月下来，他工资中至少有一半要付房贷，他刚毕业不久就要开始过起房奴的生活。

然而五年后，他所购买的房子已经升值了好几倍。这时，他才意识到母亲的良苦用心。一方面，购房是投资理财的不错选择；另一方面，有了房贷的压力，还会促使自己提升工作的动力。正是有房贷的压力，张阳开始和其他同学在工作之余自主创业，有了自己的另外一份收入。

当前，随着房价的日趋上涨，人们对待购房所采取的态度自然也

不同。有的人买房仅仅是为了居住，有的人则为了结婚，而有些人则是为了投资。

　　从性格色彩角度分析，红色性格的人购房，往往受到外界环境和自己内心需求综合作用的影响。他们因交际圈广泛，得到的相关信息也比较全面。当机会来临的时候，他们往往可以在最快时间内得到第一手消息，进而做出精准的判断。然而，红色性格的劣势是他们有时候过分轻信他人，对于别人的意见过分相信，因此有时候会导致投资上的失败，造成金钱上的浪费。另外他们有时会缺乏主见，对于别人的意见踌躇不定，最终在犹豫中失去了机会。

　　对于绿色性格的人，他们对购房只有在强烈需求的情况下才会主动行动。所以他们购房的心态比较平和，既不会和别人过分攀比，也不会过分听取他人的意见。他们的劣势是由于欲望低，往往会失去很多机会。

　　对于蓝色性格的人，他们的优势是会综合家人需求和投资等多方面的要求，会把风险性控制在最低范围之内。然而，他们往往会因瞻前顾后而错失良机。过分观望，不能及时做出选择，往往会与机会擦肩而过。

　　对于黄色性格的人，他们往往态度坚定，当机立断。然而他们的劣势是过分任性，不会听取他人的意见。这类性格的人，如果决定了买房，他们往往不会考虑房价而果断做出选择。

　　不同性格色彩的人，面对购房选择，往往采取的态度是不同的。然而因购房需要花费一个人乃至一家人大量的金钱，所以投资买房最重要的是理性。

第三节　性格不同，减压方式也不同

当代社会竞争激烈，很多学生毕业后为了找到一份工作，十分拼命。面对工作方面的压力，有的学生承受能力很差，根本没有勇气面对未来，有的甚至选择轻生。很多学校平时只是注重学习成绩，忽略心理教育对孩子的重要性。面对前所未有的压力，有的学生往往因社会经验不足、依赖性强、心理承受能力差等原因，在遇上难处和挫折时选择极端之路。因此，学校教师和家长平时不能只关注孩子的学习成绩，更应关注他们的心理变化。

人活一生，实属不易，必然要承受各方面的压力。当面对压力时，不同性格的人由于心态不同，他们所采取的减压方式也不同。然而，不论怎样，保持一份快乐积极的心态是最重要的，这要比拥有金钱、别墅更有价值和意义。

对于压力，绿色性格的人需要通过每天不同的衣服搭配给自己不同的感觉。同时还应选择日常生活中积极向上、勤奋努力的同事或者朋友作为激励自己前进的动力。在他们的刺激和鼓励下，他会更加拼搏，实现自己更多的人生目标。

黄色性格的人应该将目光放长远些，不要因一时的压力而让自己承受过多的痛苦，要学会以积极乐观的心态面对一切逆境。对于周围的朋友和同事，凡事多想别人的好处，不要斤斤计较。平时在工作中，要学会多和同事沟通，互通有无，成为知心朋友，不要总是去命令他人，觉得自己高高在上。只有增强和同事之间的相互信任，才能在自己遇到难处的时候得到别人真诚的帮助。

面对不同情形的压力，红色性格的人情绪波动比较大，所以他们需要通过更多的途径和渠道舒缓压力。比如通过记日记或者发微信，可以让自己在紧张之余找到宣泄压力的方式。另外还可以选择和朋友聊天，或者选择走出去，去郊游，让自己的压力得以缓解。

蓝色性格的人应选择一些娱乐性节目多看看，让自己在开心之余忘记烦恼和压力。对于自己每天需要去做的事情，要学会有重点去完成，要学会利用二八法则，将80%的精力放在20%的重要事情上。

面对工作与生活的压力，很多人都会觉得自己有些焦头烂额，很难喘过气来，让自己一时不知所措。面对压力，如果找不到合理的释放方式，往往会影响自己的身心健康，让自己夜不能寐。以下缓解压力的方式，不妨一试。

1. 放缓办事节奏和速度

面对办公桌上满满的需要批复的文件，放在平时，你一定需要加班加点去完成。其实你可以进行筛选，先选择重要的文件进行审批，其余不重要的则可以放在第二天进行审阅。总之，放慢自己的速度，缓解办事的节奏，会让你的压力减少不少。

2. 多讲些笑话

在紧张的时候，和自己身边的朋友讲个笑话，不仅有助于让紧张的气氛变得轻松，而且还会让身心得以放松。科学认为，保持常笑，还会增强人体的免疫能力。

3. 多听一些赞赏自己的话语，不要总是听否定的声音

有时候，领导会经常批评你这不行那不行，这会让你在工作中产生更多的压力。然而你要自信，你自己身上也会有很多闪光点，只不过领导平时没有留意发现而已。

4. 每次不要担心过多

有时候，我们会有很多急需解决的事情，会让自己产生过大的压力。这时你要学会进行自我安慰：事情再多也要一件一件来。所以只需按照轻重缓急的顺序，按部就班解决事情，没必要一下子考虑过多。

5. 尝试集中精力几分钟

对于工作中的事情，比如急需打份报告，那么就将其他的事情都抛诸脑后，集中精力打报告。另外在间隙时间，你可以放松自己，把紧张的工作暂时放在一边。

6. 把你的忧虑写出来

你可以记日记、写微博或微信，也可以找朋友聊天。国外专家曾经将一些患病之人分成两组，一组要求每天认真记日记，将自己每天担忧的事情记在本上；另一组则粗略记录他们一天工作的事情。最终专家发现，前一组的人往往很少因自己的病而感到焦虑。

7. 尝试忘记烦恼

选择忘记，忘记曾经的烦恼和忧愁，忘记曾经的痛苦和伤心，忘记他人对你的伤害和痛楚，忘记朋友对你的敌意和背叛，忘记过去的羞辱和耻辱。只有学会忘记，才会让自己保持乐观的情绪，逐渐变得豁达开朗。总之，人生路上，难免会磕磕碰碰，充满坎坷。面对一切功名利禄，面对所有诽谤嫉妒，你全然不要放在心上，学会一笑置之，

那么你的身心就会得到舒缓，让自己保持积极开朗的性格。

第四节　不同性格的不同吃法

性格决定命运，而不同性格之人，他们在对待吃喝玩乐上也会有不同的态度和选择。

比如，绿色性格的人，他们追求简单，只要满足正常温饱即可。哪怕是清汤白水，只要吃得健康，吃得开心，他们也会觉得十分惬意。因此，他们不会在吃的方面有过多的奢求和投资。哪怕物质方面没有达到很好的条件，他们也不会觉得自己比别人差。

与绿色性格不同，红色性格的人往往是比较贪吃的。他们会经常参加朋友聚会，十分喜欢大家聚在一起时热闹的感觉。正是因为对厨艺的热衷，他们往往精通厨艺，炒得一手好菜，因此他们希望通过朋友的聚会让自己的好手艺得到更多的发挥，同时得到他人的认可，也会让他们乐此不疲。

蓝色性格之人对饮食是很讲究的，他们十分注重细节，尤其是饭菜的味觉、颜色等方面。如果选择饭店，他们也十分讲究情调，不仅注重饭店的卫生和安全，更在意饭店的品位和档次。哪怕是在自己的家中，他们的厨房也是十分讲究的，做出的饭菜十分精致。同时，他们十分节约粮食，从不浪费一粒米。

蓝色性格的人是温文尔雅的吃客一族，他们更注重生活的品质和追求，哪怕是吃一碗馄饨，他们也觉得是十分惬意的生活。对于他们而言，他们更注重的是享受生活。

对于黄色性格的人，他们平时对吃的方面没有过高的要求，他们往往把自己更多的时间放在事业和工作上。因此，他们往往认为快餐是不错的选择，因为方便又快捷。

食品专家认为，通过饮食还可以影响人的性格，通过饮食往往可以改变某些人性格中的某一弱点。比如情绪不稳定的人，平时应该多吃钙质丰富的食品。如果他们觉得最近比较情绪化，爱发脾气，那么最好多吃素食。

对于容易生气的人，平时应少吃含盐和含糖类的食物，可以多吃钙质的牛奶或者海鲜产品。另外还可以多补充一些含维生素的食品，比如香蕉、苹果、茄子、豆芽等。

对于优柔寡断之人，要加强新鲜水果、蔬菜等的摄入，同时饭菜应以肉食为主，尤其是要多吃富含维生素的食物。

对于焦躁之人，则需要增加稳定情绪、含有钙质的食物，同时还应吃一些有助于强健体质的蛋白质类食品。平时饮食要以清淡为主，不能吃含盐过多的食品。

对于情绪消极之人，则需多增加一些甜食，比如蛋糕、可乐等，同时还应多吃含钙和维生素 B1 较丰富的猪肉、羊肉、大豆制品等。

对于办事缺乏耐心之人，则应多吃苦瓜、西红柿、胡萝卜、卷心菜等，对于肉类食物要尽量少吃。

对于反应不灵敏之人，则需增强富含维生素 A、维生素 B 的蔬菜和含钙丰富的食物的摄入。尤其是应多吃有助于大脑神经纤维的海藻类食品。

对于平时以自我为中心之人，要少吃含糖类食品，多吃含维生素的食品，比如鱼肉类食品。

总之，每个人性格不同、体质不同，饮食也要有所侧重。只有根据自己的需求吃适合自己的食品，才能让自己的身体保持膳食均衡，营养健康。

第五节 人际交往方面，不同性格如何选择

杨明和杨健虽然是双胞胎兄弟，可是性格却大相径庭。杨明喜欢安静，到了假期经常宅在家中；而杨健则喜欢外出，整天和驴友们骑车出行。

有时候到了周末，杨健喜欢热闹，会召集自己的朋友们在家中小聚，畅饮到很晚。而杨明则不同，他不喜欢热闹的场合，每次杨健和朋友聚会的时候，他往往会选择到图书馆看书，避开他们喧闹的场合。

和杨健的朋友圈不同，杨明愿意结交喜欢阅读、写作的朋友。每逢周末，他们会抽空举办读书会，畅谈最近一段时间读书的感悟和体会。

以上案例中，杨健和杨明虽然是亲兄弟，可是他们因性格不同，交际范围也不同，自然交友圈也不同。从心理学角度分析，杨健属于红色性格之人，交友广泛，擅长交际；而杨明则不同，他是蓝色性格的人，更喜欢和自己志同道合的朋友交流，交际范围有限。

人际交往中，不同的性格对他人的态度也是不同的。红色性格的人比较擅长交际，交友比较广泛；而蓝色性格之人认为人生得一知己足矣，没必要结交过多的朋友。

对于女性而言，红色性格之人往往是交际高手，不同圈子、不同行业的人，她们往往都认识；而蓝色性格的人则显得比较孤僻，给别人高冷的感觉。

红色性格之人比较外向，对于陌生的环境适应能力较强，短时间内他们往往可以和对方建立友好的关系。而蓝色性格的人交友往往十分谨慎，他们会多一些思考，认为哪些人可以深入交往，哪些人是泛泛之交。对于他们而言，只有那些谈得来的人，才值得进行倾心交往。

绿色性格之人往往坚持事不关己高高挂起的原则，平时周边发生的事情，只要和自己无关，他们往往很少在意和关注。

黄色性格之人目的性比较强，只要定下目标，他们会全力以赴，持之以恒，尽快达成目标。他们更希望得到贵人的帮助，有助于自己的人生和事业获取更大的突破。

在追求情感方面，绿色和黄色性格之人不是热情之人，比较淡定。通常情况下，绿色性格之人会听从黄色性格之人的派遣，服从黄色性格之人的领导。在工作方面，黄色性格之人更注重效率和速度，这方面是绿色性格之人很难达到的。因为绿色性格之人更追求安逸，而黄色性格之人更善于变通。

在工作搭配方面，黄色性格之人时常需要绿色性格之人的倾听，可是黄色性格之人往往很难忍受绿色性格之人的速度。因黄色性格之人主见性较强，他们往往会多给绿色性格之人提出建设性意见。

绿色和黄色性格之人善于倾听，蓝色性格之人思辨性和分析能力较强，可以对别人存在的问题分析得头头是道。然而面对自己现实中的问题，他们往往会手足无措。蓝色性格之人面对他人的痛苦会深表同情，却会把自己的苦闷郁结心中，不会轻易表现出来。

面对别人的倾诉，绿色性格之人往往十分尊重他人。即使自己有十分要紧的事情，他们也会先放到一边，认真耐心听取他人的述说。另外，他们不会将苦闷藏在自己心中过久，因为他们属于直肠排泄型。

黄色和红色性格之人口才很好，更多情况下会因此而忽视对他人的倾听。黄色性格之人往往以自我为中心，对于自己的态度，他们往往是比较坚决的。只要是自己的主张，其他人即使和自己意见不一，也必须按照自己的意志去执行。面对自己感兴趣的话题，红色性格之人往往会滔滔不绝，他们更多时候希望自己得到别人的赞许和肯定。

第六节　不同场合的幽默表达

一天，林肯领着他的儿子罗伯特走在马路上，忽然前面有一支军队挡住了他们的去路。

林肯十分客气地问路边的一位老乡："您好！请问前面这是什么？"其实他的言外之意是问老乡这支部队是哪里的。

可是老乡却认为林肯孤陋寡闻，连部队的人都不认识，于是他用略带嘲讽的口气答道："你真笨！难道连联邦的军队也不认识。"

这令林肯有些尴尬，可是他依然向对方道谢，关上车门，对儿子语重心长地说："有人在你面前说老实话，这是一种福气。我的确是个大笨蛋。"

以上的故事中，林肯巧妙运用自嘲化解尴尬，体现了他的大度和宽容。现实生活中，我们也会遇到类似的情形和场合，如果讲几句幽默的话语，就可以让紧张尴尬的气氛得以缓解，不妨试一试。以下为其他几种不同的幽默表达方法。

1. 巧用停顿法

交际场合，为了避免出现双方之间的尴尬，发言者往往会采取停顿的办法，使得语句的意思产生意外的结果，进而达到了"幽默"的目的。

从前有一位富翁，虽然他家财万贯，十分富有，可是他平时却十分小气，一毛不拔。当他的孩子到了上学年龄的时候，他计划专门聘请一位教书先生。然而，对于教书先生的日常膳食，富翁却舍不得多花钱。于是，他和教书先生签了一份合约。合约上写道："无鸡鸭亦可无鱼肉亦可青菜一碟足矣。"

由于这句话没有准确的标点，不同的人读起来有不同的理解。对于富翁而言，他是这样理解的："无鸡鸭亦可，无鱼肉亦可，青菜一碟足矣。"于是富翁欣然签字。

可是对于教书先生而言，他却是这样认为的："无鸡，鸭亦可；无鱼，肉亦可；青菜，一碟足矣。"

2. 委婉表达法

人际交往中，有些话是不方便当面讲出的。如果不分场合、不顾及情面，直接表明自己的看法，不仅会令对方难堪，更会让对方产生误解。因此，换一种委婉的方法表明自己的意见，间接表达自己的立场和看法，往往可以获得理想的结果。

李强平时有个不良的习惯，总是喜欢占别人便宜。平时，他为了减少自己的开支，总是在别人家中混吃混喝。

有一天，他来到一位朋友家中，他问道："今天计划吃什么？"朋友告诉他："今天我们计划吃麻雀肉！"

这令李强感到很意外，他问道："从哪里买来这么多麻雀肉？"

"其实很简单，首先要将一些稻谷撒在操场上，以便吸引麻雀的到来。等它们上钩后用牛拉上石滚子一碾，便得到了麻雀。"

最后朋友说道："大家都知道，麻雀这类鸟平时喜欢占便宜。只要有好吃好喝，往往碾（撵）也碾（撵）不走。"

以上为"婉言曲说"的幽默法，十分委婉地表达了自己内心的看法和主张。

3. 暗示提醒法

在有些场合，如果直白表达会令双方感到尴尬，而通过暗示的方法进行表达，往往会让听者"顿悟"弦外之音，带有浓厚的幽默效果。

一天，一位作家到国外进行友好访问。访问期间，他的一位好友携全家到他入住的酒店进行拜访。当他们进行友好交谈的时候，好友的孩子十分调皮，一下子穿鞋跳到了酒店的床上。可是，他的好友并没有发现孩子不礼貌的行为，并没有及时要求孩子赶紧从床上下来。作家见状，用幽默的话语说道："孩子，请你回到地面上来吧。"作家一说，孩子的父母立马发现了孩子的行为，赶紧制止孩子。

如果作家直言不讳，直接命令孩子从床上下来，会让孩子的父母难为情，有所尴尬，而作家通过幽默轻松的话语巧妙提醒了孩子的父母，及时制止了孩子的不良行为，避免了双方尴尬情形的发生。

不同性格色彩的人，往往对于幽默的表达也会采取不同的方式。绿色之人通常表达的是冷幽默，红色之人则表达的是热幽默，蓝色之人则表达的是黑色幽默，黄色之人表达的是硬幽默。

绿色性格之人天生开朗，擅长交际，他们所采取的幽默表达往往要比其他人更生动。而红色性格之人天生热情，为了达到幽默效果往往不惜牺牲个人形象，引得大家哄堂大笑。蓝色性格之人所表达的是黑色幽默，表面上看似无奈，实际上却充满对现实的讽刺。黄色性格之人算是所有色彩性格人群中幽默感最差的。当别人对幽默话语开怀大笑的时候，他们似乎对这些话语并没有理解，表现出满脸不解的样子。即使别人向他们解释一番，他们依然会觉得不怎么好笑。

绿色幽默和红色幽默的不同之处在于：红色幽默更多的是开放张扬的，他们会利用场合产生让大家哄堂大笑的效果；而绿色幽默则是在悄无声息之中进行的表达，往往会让人回味无穷。这种幽默往往更能起到诙谐的效果，被称之为"冷幽默"。

第七章

战 胜 性 格 的 弱 点

第一节　塑造良好的性格

众所周知，人世间没有十全十美的事物。对于我们而言，每个人的性格中既有优点，也有劣势。而如何让自己培养良好的性格，战胜性格中的弱点，将会使我们逐步朝着自己的人生目标前进，成就精彩的人生。

心若改变，态度就会改变；态度改变，习惯就会改变；习惯改变，性格就会跟着改变；性格改变，人生就会随着改变。由此可见，良好的性格将会对一个人的一生起到至关重要的作用。它犹如人生的指南针，为精彩的人生指明方向。

每个人都有意气风发的青年时光。当处于人生的花季，每个人都对今后的人生充满期待，希望自己的一生通过自己的拼搏和奋斗获得一定的成就。然而，实现成功并非易事，需要自己的坚持和努力，需要塑造良好的性格。

1. 凡事要有专注精神

春秋时期，孔子领着学生去楚国。路上，他们路过一片树林，恰巧看见一位年迈的老头儿，只见他手中拿着一根竹竿，弯下腰用竹竿粘知了，一粘就是一个。孔子十分好奇，于是便问道："我见你动作十分灵巧，其中一定有什么妙招吧？"老头儿说道："正如你所说，我确实是有方法的。光是捕知了的技术，就花费了我五个月的时间。先将两个弹丸放在竹竿顶上，如果发现弹丸掉不下来，这是粘知了的最佳时机。如果将三个弹丸放在竹竿顶上，弹丸掉不下来，知了逃脱的概率仅有十分之一。如果一下子将五个弹丸放上去，弹丸掉不下来，粘知了就十分容易了。我稳稳当当地站在这里，眼前有芸芸众生，然而我心中却只有'知了的翅膀'。虽然万物在不停地运动变化，如果我关注它们，就会分散我的注意力。而我心中只有知了，所以才可以很快抓到它。"

以上这个故事旨在提醒我们，一个人要想获得事业上的成功，他的专业知识虽然重要，可是最重要的还是他是否用心在做，是否具有持久的专注力。

物理学中有个原理，名叫"集中优势原理"：当分散的阳光通过凸透镜聚到一起，会产生难以想象的高温。对于我们每个人而言，平时做事必须有专注精神，不能好高骛远、三心二意。

专注精神是获取成功的不二法宝。牛顿正是拥有专注精神，对锅里的沸水产生兴趣，才会成为世界上赫赫有名的科学家；史学家司马迁正是凭借对历史的专注，花费毕生的精力才会有《史记》的问世。

对于每个人而言，能力有大小，地位有高低。可是只要怀有专注精神，做事情专心致志，就一定能在自己从事的领域取得突出的成绩。反之，如果做事情总是三心二意，不具备专注精神，结果只能半途而废，以失败告终。

卡耐基说过，成功的奥秘在于将所有的精力、思想、资金都投入到所从事的一件事情上。不论做什么事情，要想精益求精，必须集中自己的精力，利用自己各方面的优势完成它。哪怕遇到各种各样的困难，也必须想尽一切办法去克服。只有发扬心无旁骛、专心致志的精神，才能做好每件事，才能让自己离成功越来越近。

唯有专注，方可成功。如果每个人都全力以赴，将自己的专注精神用于自己的工作，那么他一定会不断提高，最终取得骄人的成绩。

2. 正视自己的缺点

从前，有个男孩迷上了柔道，于是他找到十分有名的柔道大师，想要拜他为师。可是没过多久，不幸便发生在男孩身上。他在一次车祸中身受重伤。经过医生紧张的抢救，最终他被救了过来。可是不幸的是他被截肢，失去了左臂。不过那位柔道大师信守承诺，还是果断收他为徒。当他的伤口愈合后，他继续进行柔道的学习。

男孩深知，别人的条件都比自己好，他只有通过长时间的训练才能赶上别人。过了三个月，师傅都在重复教他做一个动作。这令男孩很沮丧。

时间又过去了三个月，师傅还是整天重复教他同一个动作。有一天，男孩终于按捺不住，向师傅发出请求，希望师傅教他其他动作。师傅告诉男孩，只要他用心练好这个动作，他就会成功。

没过几天，师傅接到通知，需要派人去参加全国柔道比赛。于是师傅决定派男孩去参加全国的柔道大赛。出人意料的是，最终荣获冠军的是男孩。这令大家觉得不可思议。面对强劲对手，他仅凭一条手臂，第一次参赛就战胜了对方，获得了胜利。

后来，男孩充满疑惑地问师傅，他仅仅使用一招就战胜了对方，实在不可思议。师傅告诉男孩，其中有两个原因，一个是他使用的招数是柔道中最难的一招，还有一个是对手若想破解这招，只有牢牢地抓住他的左臂，才能打败他。

面对人生的不幸，不能总是唯唯诺诺，逃避现实，而是要直面现实，战胜缺陷。一个人必须坦然面对自己人生道路上的各种困难，必须要承担起相应的责任。

世界上没有完美无缺的事物，都会存在缺点和劣势。对于每个人而言，最重要的是学会正确对待自己的缺点，学会纠正自己的缺点，不断完善自我，直至成功。

很多人都希望自己得到别人的认可，喜欢听别人表扬自己的话语。然而，当局者迷，旁观者清。有时候，别人提出的对自己中肯的建议往往也是十分重要的。所以如果身边有一位朋友可以直言不讳地指出你的问题和缺点，往往十分有助于你的成功。

能否正视自己的缺点，往往是判断一个人心理素质是否过硬的标准。不敢正视错误，总是选择逃避，对于人的成长有百害而无一利。

3. 锻炼社交能力

很多时候，我们会宅在家中，浪费了大好光阴。而如果长时间待在家中，不愿意和外人交往，对社交活动不感兴趣，会导致自己变得性格孤僻，不善言谈，逐渐脱离社会。

每个人成功的道路都不会一帆风顺，都会遇到意想不到的难处，都会令自己的内心遭受煎熬。面对它们，有的人抗压能力弱，不会很好地化解人生的矛盾，导致自己的焦虑越积越多。还有些人则会患上疑心病，对周边的环境充满怀疑，不懂得信任他人，导致自己的社交能力十分差劲。

现实社会中，唯有通过社交才能锻炼自己各方面的能力。通过社交，不仅有助于表达自己的主张和看法，还会传递自己与他人的感情，增进相互之间的交流。

社交活动中，凡事要多顺从自己的内心，不要总是隐藏自己的真实想法。很多时候，直截了当表达自己的主张，不仅是自信的表现，而且会增进双方之间的信任。

现实中，每个人都会犯错。有时候，我们提交的工作总结不是很全面，和别人讲话的态度显得不尊重对方。面对自己生活中的小失误，最重要的是要学会总结和反思。当今后再次遇到类似的情形，不要重复犯同样的错误。

4. 迈出自己行动的第一步

很久以前，有两个人结伴而行，准备去遥远的地方寻找人生的幸福。一路上他们风餐露宿，克服了很多困难。就在他们将要到达终点的时候，一条宽广湍急的河流阻止了他们前进的道路。

针对如何渡河，两个人产生了严重的分歧。一个认为应该到附近找到一些树木，然后改造成木船，乘着风浪渡河前行。而另一位则觉得那样太危险，最简单的办法是等这条河流干涸之后，自己轻轻松松地走过去。

于是，建议造船的人开始到处寻找树木，每天花大量的时间砍伐树木，为造船进行前期的准备。经过一段时间的辛苦，一条简易的船只制造完毕。

与此同时，另一个人每天观察河流的动态，希望有朝一日河水流干。而大多数时间，他都在休息睡觉。等到造船人造好船准备穿河而过的时候，他还在讥笑对方，认为凭借如此简陋的船是很难渡过河流的。

然而，造船人并不这样认为。他觉得凡事首先要勇于去做，如果不去尝试就永远不会成功。只有去做，才会有成功的可能。

那位整天幻想等河流干涸后再过河的人，他的想法很天真、不切实际。可惜他的想法永远只能停留在想象阶段，现实中不可能发生。因此，他一辈子也无法实现渡河的愿望。

最终这条大河也没有干涸，而那位造船人经历一番磨难后终于到达对岸。

文学家鲁迅说过："地上本没有路，走的人多了，也便成了路。"做任何事情都必须大胆尝试，付出自己的努力。有时候，我们会对自己产生怀疑，不知道前方等待我们的是喜悦还是悲伤。可是不论前方是一帆风顺还是充满泥泞，都要大胆前行。如果总是唯唯诺诺、犹豫不前，那么等待我们的永远只能是失败和懊悔。

有一位国外的心理学家根据动物的试验，首次提出"尝试错误"定律。当动物或人类对于突发的情况不知所措的时候，往往采用的是常规的思维方式，根据自己平时的行为方式采取相应的行动。然而，现实总是充满挑战，总会有很多不确定因素等着我们。有时候，难免会打退堂鼓，担心遭遇失败。然而失败是成功之母，正是无数次的尝试和失败才会赢来最终的成功。

美国平民总统林肯小时候经历过这样一件事，让他记忆深刻。有一天，他的父亲低价购买了一所农场。由于农场中间埋着很多石头需要处理，所以价格才比较便宜。针对如何处理这些石头，林肯的父亲和母亲有不同的意见。在母亲看来，要想有效地利用农场耕地，必须自己花时间和精力将这些石头搬走。而父亲则认为搬走这些石头太费事，如果搬走容易的话原来的农场主早就完成了。

有一天，母亲趁着父亲进城买马的时候，带领林肯等人花了一上午的时间搬走了所有的石头。这些石头并非父亲认为的那样，是一座座小山头，而是一块块孤零零的石块，所以搬起来是十分容易的。

上面的故事中，面对农场的石头，如果像父亲认为的那样，永远不会搬走；而只有采取行动，才会发现搬走这些石头并非难事。所以很多事情，如果不采取行动永远不会有成功的可能。而只有行动起来，才会发现成功并没有想象的那么难。

所以人生要勇于迈出行动的第一步。如果遭遇失败和不幸，千万不能气馁，而是要不断总结经验，迎难而上。只有经历无数次的失败，才能让自己的经验越来越丰富，才能练就强大的自我。

5. 凡事欲速则不达

有一天，一个小孩在回家的路上捡到了一个蝴蝶的蛹。于是他小心翼翼地将它收起来带回家。小孩想要亲自观察蝴蝶是如何由蛹变成漂亮的蝴蝶的，所以他每天放学回家都耐心观察。没过几天，他发现蛹的上面裂了一条缝，蝴蝶在里面挣扎了好长时间，可是迟迟不见它破茧而出。小孩等了好长时间，还是看不见期待中的蝴蝶出现。他一时心急，便到家中找来一把剪刀，直接剪开了蛹壳。然而事与愿违，他想象中的蝴蝶并没有出现，露面的是身躯臃肿、翅膀干瘪的蝴蝶，根本不能飞。没过多长时间，蝴蝶死去了。

上面的故事说明了"欲速则不达"的道理。人世间任何事情的发展变化都必须经历一定的过程，没有量的累积，是绝对不会实现质的变化的。对于蝴蝶而言，只有等它的双翅长硬后，它才会破茧而出。而双翅没有变硬，是绝对不能随意剪开蛹壳的。

对于人生而言，只有经历痛苦的煎熬，接受挫折的考验，才能让自己的人生得到历练，才能收获精彩的人生。不经历风雨，怎能见彩虹。所以我们必须以积极坦诚的态度去面对人生的考验。

成功不易，需要的是克服困难的决心和勇气。只有以积极的态度去面对困难，以坚韧的精神去迎接挑战，成功的大门才会为你打开。届时，你将会真正体会到成功带给你的喜悦和快乐。

阮玲玉是中国电影界卓越的表演艺术家。年轻时，她仅仅是一个身份卑微的乡下女孩，可是她通过自己对电影表演艺术的执着追求，最终成为赫赫有名的一代影后。

刚开始从事电影工作的时候，因她的动作与其他演员配合不默契，她经常被导演批评，甚至连入选的机会都被取消。可是她并不气馁，而是按照导演的要求自己在家中一遍遍进行练习，直到满意为止。等到第二天，她会低声下气地哀求导演，希望导演再给自己一个机会。最终导演破例让她试了一下。结果她出色的表现让导演拍手叫绝，十分满意，当场让她出演女一号。正是凭借对艺术事业的孜孜以求，她的出色表演赢得了观众的认可，获得了世人的称颂。

不论做任何事情，都要懂得循序渐进的道理，都要踏实认真走好每一步。因为获取最终的成功并非易事，不是一朝一夕就可以完成的。更多时候，需要的是平时的日积月累，需要的是坚实的基础。

现实告诉我们，凡事必须有耐心，欲速则不达，既不能贸然行事、急于求成，也不能好高骛远、半途而废。只有踏实认真，走好脚下的每一步，完成设定的每一个小目标，才能让自己尽快实现成功。

6. 让生活充满趣味

现实中，如果一个人经常受到别人的批评，当有朝一日他获得对方表扬的时候，一定会兴奋不已。心理学家阿伦森的实验便印证了这一点。

心理学家阿伦森将实验对象分为四组，对他们分别采取不同的褒贬方式。其中对待第一组人总是表扬，对第二组人总是批评，对第三组人是先表扬后批评，对第四组人则是先批评后表扬。经过一段时间的观察，研究发现，第四组人最受欢迎，第三组人最被人反感。

由此可见，现实生活中，先入为主的第一印象十分重要。当其发生改变的时候，人们对其印象也会随之发生变化。

有一位年迈的长者买了一套房。他之所以看中这套房，是因为小区绿化环境好，适合他养老。然而当他正式入住后，他发现每天小区有几个小孩总是嬉戏玩耍，扰乱了小区的环境。这令他十分苦恼。于是，他对这些小孩说道："你们每天很阳光，看着你们如此有活力，让我想到了自己曾经的少年时光。我和你们订立一个约定，今后如果你们每天下午都来这里玩耍，我承诺每天给你们一元钱。"

一开始，这些小孩们觉得不可思议，认为长者在开玩笑。没想到，接下来的第一天，长者果然兑现了他的承诺，分别给了他们每人一元钱。这令他们很意外，每天不仅可以随心所欲去玩耍，而且还可以得到奖励。

过了几天，长者对他们说："孩子们，最近我手头有些紧张，每天只能给你们五角钱了。"孩子们觉得五角也不错，仍旧每天来玩耍，长者还是如约给他们奖励。

等再过几天，长者十分惭愧地对他们讲："孩子们，我的老伴儿生病住院了，我经济紧张，今后每天只能给你们一角钱了。"这令孩子们感到有些不悦，对每天来这里玩没有兴趣了。于是从此以后他们再也不来了。

上面的故事中，长者正是有效利用阿伦森原理中的心理特点，最终达到了自己的目的。

现实生活中，我们也经常遇到类似的情形。有一位刚毕业的大学生，他应聘到了一家私企人力资源部。之前习惯了学校的环境，一下子到了竞争激烈的工作环境，让他一时间难以适应。因为新工作对于他而言是陌生的，他必须通过自己的勤劳和努力去适应新的环境。

当他的努力赢得部门领导和同事认可的时候，这会激励他更加努力，更加激发了他的积极性。可是工作了一段时间，他基本上适应了自己岗位的所有工作，他又会失去对自己工作的兴趣，没有了一开始工作的积极性。

很多时候，我们都如同那位大学生一样，对自己规律式的工作和生活失去了兴趣。而我们唯一可以做到的是不断提高对自己的要求，哪怕是重复性的工作内容，由于你设置了更高的目标，你也会从中得到更多的收获。只有这样，看似枯燥的生活才会有趣味和快乐，生活才会过得更加有意义和价值。

7. 人生要勇于取舍

现实中，每个人都会承受来自家庭、社会、工作等各方面的压力。当面对人生的十字路口，如何更好地进行人生理智的选择，往往十分关键。有时一失足成千古恨，如果选择错误，将会对一个人的一生产生十分重要的影响。

面临选择，很多人都会犹豫不决，踯躅不前，不知取舍。而此时如何进行决断，往往取决于他所看重的因素是什么？

当年，比尔·盖茨被哈佛大学法律专业录取。然而一学期过后，他发现自己对法律没有兴趣，真正让他情有独钟的是计算机。于是他做出了人生的重大选择，放弃哈佛的学业，自主创业，成立了自己的软件公司。

一开始，很多人觉得他放弃别人梦寐以求的哈佛大学是得不偿失的，因为考取这所大学是十分难的。可是比尔·盖茨却不这么认为。他觉得自己花几年时间在学业上，简直是浪费时间。他愿意将自己的时间和精力放在自己感兴趣的软件开发上。

事实证明，他的选择是正确的。比尔·盖茨通过自己的努力，他主持开发的软件风靡全球，同时他还在1999年美国《福布斯》杂志的世界富豪评选中荣登榜首。

经济学上，机会成本指的是经济决策过程中因选择某一方案而放弃另一方案所付出的代价或丧失的潜在利益。很多时候，当我们进行选择的时候，一定会面临取舍。当你得到一定的机会时，也意味着你将会失去另外一个机会。而究竟应该如何选择，往往取决于你所看重的机会成本。选择某件东西的机会成本是为了得到这件东西所放弃的其他东西的价值。

心理学家表示，很多人在面临选择的时候，总希望面面俱到。可是实际上，鱼与熊掌不可兼得，要想两面兼顾是绝对不可能的。所以很多时候，他们往往最终面面俱不到。

现实中，有的人整天前怕狼、后怕虎，不知如何选择，很难取舍。当我们面临人生的不同选择，最理智的做法是根据个人的需求进行果断取舍，既不能犹豫不决，也不可贪恋太多。只有适合自己的，才是最重要的。

第二节　拥有健全的人格

每个人都希望自己做一个身心健康的人，拥有健全的人格。面对纷繁复杂、灯红酒绿的世界，如何保持泰然处之、安之若素的人生态度，是每个人追求的目标和方向。

1. 换个角度看问题

古时候，人们还是赤脚走路。有一天，一位国王到乡下巡视，他的脚被路面上无数的碎石头折磨得十分疼痛。于是，他回到宫里后，向全国下了一道命令，要求将全国的道路铺上一层牛皮。国王以为，采用这种方法可以改变人们走路双脚疼痛的问题。

然而，他的这一措施一经公布，立马招致人们的反对。因为即使将国内所有的牛都杀光，得到的牛皮也是有限的。于是，一位聪明的仆人向国王提议，与其劳师动众杀那么多牛，还不如用两片牛皮裹住脚。国王听后，觉得这个建议很不错，于是他立马收回成命，要求全国范围内采纳这个建议。这便是皮鞋的由来。

面对同样的事情，从不同的角度考虑问题，就会产生不同的效果，进而采取截然不同的行动。

老子曰："祸兮福之所倚，福兮祸之所伏。"面对人生的挫折，如果换个角度去考虑，就会改变自己原有的认识，以积极乐观的心态去面对。

我们每天都希望自己的生活顺从心意，平安健康。可是现实是残酷的，每天都会发生很多不如意的事情。比如早晨上班的时候，你本来心情很舒畅。可是一不小心一个骑车的人撞了你一下。虽然你并没有受到很大的伤害，虽然对方十分诚恳地向你道歉，可是你的好心情被破坏了。如果你换个角度考虑，早晨上班大家都很着急，都害怕迟到，所以磕磕碰碰在所难免。如果这样一想，你的心情会舒服很多。

人生在世，不如意之事十之八九。比如，被公司解雇了，个人发展遇到难题；家中与爱人发生争执，产生矛盾；最近手头有些紧，经济不宽裕；股市崩盘，炒股折了大本等。面对以上人生的不幸，很多人总是开始抱怨，怨天尤人。其实如果换个角度去想一想，这些事情是每个人都会经历的事情，没必要因为它们影响自己的心情。这时需要的是坦诚务实的态度，再苦也要笑一笑，人生才会多些快乐。

换个角度去面对人生，你会发现原来生活是如此美好。保持乐观的心态，所有的痛苦都会转瞬即逝，所有的不快都会成为过眼烟云。现实生活中，我们通常总是拘泥于原有的固定思维，进而按照其结论办事。而如果换一种思维，就会得到不一样的结果。只有敢于打破既有思维，才会为自己的人生开拓新的出路。

2. 适当转移注意力

从前有一位老太太，她的大女儿嫁给了卖伞的，二女儿是洗衣店的老板。盼着大女儿的生意好些，她天天关注天气，担心因天气晴朗大女儿家的雨伞卖不出去。到了下雨天，她又开始担心二女儿家洗衣店的衣服晒不干。为此，她整天愁眉不展、忧心忡忡。

一天，一位邻居对老太太说："阿姨，其实您是最幸福的。晴天二女儿家的顾客络绎不绝，到了雨天大女儿家的伞的销量猛增。总之，不论天气好坏，您家都是双赢。"老太太听后终于笑了。

在工作和生活中，我们经常会因某件事情而心情郁闷和烦躁。这会导致我们很难集中注意力。此时，可以转移注意力，换一种方式放松一下烦躁郁闷的心情。比如可以听一首歌曲，看一则笑话等，让自己紧张的注意力得以分散，进而让自己摆脱烦躁郁闷的心情，迎来惬意的好心情。

另外可以进行适当的心理暗示。一般情况下，心理暗示分为积极暗示和消极暗示。如果心情不愉快，最好使用积极暗示。要学会从积极乐观的角度去考虑问题，心里暗自告诉自己一切不愉快都是暂时的，一会儿就会云消雾散。而当心情不愉快时，消极暗示只能使烦躁心情雪上加霜，更加糟糕。

日常生活中，当遇到烦心事的时候，可以选择和自己亲近的人进行交流和沟通，向他们倾诉自己的烦恼。这样做就会把不愉快和烦躁的心情释放出去，自己的心情会变得舒畅，烦躁和不安的心情也得到了解决。

可是有的人因担心自己的隐私被别人知晓，不论遇到快乐的事情，还是烦恼的事情，都不愿意和别人交流或沟通，总是将自己的喜怒哀乐深藏在自己心中，从不将自己的想法和感受告知他人。这样做的后果是心理问题很难得到解决，而且还会导致沟通障碍。

3. 加强自我锻炼

很多时候，大多数人被工作和生活压力所迫，整天为工作和生计而忙碌，忽视了自己的身心健康。长此以往，健康状况越来越差。而身体是革命的本钱，一个人一旦失去了健康，其他事情都是空谈。所以在日常生活中，必须注重锻炼身体，保持强壮的体魄。

要想保持良好的身体，首先要养成早睡早起的习惯。早晨起床后，要进行晨跑，将身体跑到微热就行，为开始早晨锻炼进行预热准备。利用早上的宝贵时间，可以做广播体操，或者学习简单的武术套路及练武的一些基本动作。

早晨锻炼时，要做深呼吸，先吸气再呼出，同时在心中默念"放松"。除此之外，还可以进行原地起跳、原地起跳摸高、助跑起跳、助跑起跳摸高等。

另外，还要记住每天清晨起床后的第一件事是空腹喝一杯温水。

4. 培养兴趣爱好

对于个人而言，培养一定的兴趣和爱好对人生的健康成长是十分重要的，会对一个人的一生产生深远的影响。

兴趣和爱好是毅力的门槛。诺贝尔奖获得者丁肇中说，他经常为了研究而不分昼夜忘我工作，别人认为他十分辛苦，可是在他的眼中，这是他的兴趣和爱好，他从中可以感受到无比的快乐。

人的兴趣有直观兴趣和内在兴趣之分，两者相互之间可以转换。比如，有的人十分反感学习英语。可是为了参加考试，必须学习。所以在学习的过程中，他逐渐对英语产生了浓厚的兴趣。正是在兴趣的驱动下，他能够强迫自己每天早上记单词、阅读课文、写作文。通过学习，一方面可以培养对英语的兴趣，另一方面增强了他坚持学习的毅力和恒心。

当一个人拥有健康的兴趣和爱好后，他们就会懂得热爱生活，珍惜时光。他们的人生观会变得积极乐观，充满正能量。另外，有了兴趣和爱好，还会促使自己结交更多的朋友和知音。平时大家在一起互相学习，共同提高，可以满足更高的精神需求。

通过培养兴趣和爱好，可以锻炼一个人坚强的品质和顽强的毅力。由于对某个爱好感兴趣，所以在学习的过程中，往往可以克服学习过程中发现的难处，更容易坚持下去。

健康的爱好和兴趣，还有助于提高钻研的能力，激发智力发展。在学习爱好的过程中，通过认真探索和钻研，会提高分析问题、解决问题的能力，无形之中会提高敏锐的观察力、缜密的思维能力、丰富的想象力和高度的意志力。

第三节　克服性格的弱点

每个人的性格是不同的，每个人的性格都有优点和缺点。西德尼说过："尽管人们把性格看成是天生的，但它依旧是自我修养的结果。

性格里有一部分是靠自己慢慢培养起来的。"面对性格中的缺点，我们要加以纠正，尽快克服。如果长期不改，将会阻碍人生前进的步伐。以下为几种比较常见的不良性格。

1. 自满情绪

他们经常满足现状，无欲无求，对人生没有过多的追求，有的甚至觉得自己的就是最好的，应该成为别人效仿的标准。他们平时不屑与外人交往，对社会的最新发展缺乏了解。

对于他们，必须要谦逊做人，低调办事。平时应多和优秀的人接触，学习他们的优秀之处。同时应多加强社交活动，增强自己对变化中的社会的了解。

2. 过分保守

这种人办事依靠的是自己过去的经验。对于没有把握的事情，他们是绝对不会去做的。他们早已清楚自己的现状落后于他人。可是他们缺乏勇气迎头赶上，而总是担心自己会重蹈覆辙。所以，他们往往固守旧思维，终将被时代所淘汰。

对于他们，必须多了解新事物，多接触社会最前沿的信息。要多去尝试，通过努力提高自己。如果整天总是守着旧思维，结果只能故步自封，无法进步。

3. 心胸狭隘

他们心眼小，平时总是斤斤计较，眼里揉不得沙子。同时他们自恋情结严重，性格孤僻，很少与外人打交道。而且他们十分自私，十分容易伤人。

这类人，遇到事情应该学会对别人宽容，多站在对方的立场和角度考虑问题；同时还应摆脱封闭心理，多和外人接触。

4. 自私自利

这类人平时只是从自己的利益出发去考虑问题，凡事总想占别人便宜，从不愿意去为别人付出和奉献，他们最终只能形单影只，孤军奋战。

他们平时应多加强与同事朋友的交流和沟通，凡事多站在对方角度考虑问题，多去为别人着想，增强合作意识。

5. 骄傲自满

这类人只要有一些成绩就忘乎所以，向别人炫耀。他们有一定的能力，会取得一定的成功，可是由于他们缺乏谦虚的态度，往往成功会和他们擦肩而过。他们心理承受力较差，既经不起成功的喜悦，又经不起失败的打击。

王阳明说："世人最大的毛病，就在于一个'傲'字。"这类人，平时要多谦虚做人，虚心办事，懂得谦让，多听取别人的意见，不要自以为是。要时刻牢记"谦虚"二字，做事就会心胸坦荡。

6. 狂妄自大

这类人过分自信，不论去哪里都不受欢迎。或许他们有一定的能力，可是由于缺乏谦逊的态度，所以通常会招致周围人的群起攻之，最终丢盔弃甲、兵败乌江、一无所有。

对他们而言，首先要懂得做人要谦逊，不能骄傲。一个真正懂得人际交往的人，是绝对不会自吹自擂、自我炫耀的。因为他们很清楚，对于付出和成绩，往往别人比自己看得更清楚。

7. 轻信他人

他们平时过分相信别人，失去了自己对事实的基本判断，经常让对方牵着自己的鼻子走。过分轻信他人，往往会将利益拱手让给他人，让自己错过难得的机会。

这类人，平时在与人交往的过程中，不要轻信别人，凡事要有自己的基本判断和原则。坚决不能做违背原则或者超过底线的事情。

8. 生性多疑

有的人对别人不信任，总是怀疑别人。其最大特点是冷落与自己合作的伙伴，最终导致对方远离自己，形成单人孤军奋战的困局。

对于这类人，必须增强对别人的信任，凡事多与对方沟通和交流。只有建立最基本的信任，才能摆脱多疑的性格，进而开展双方的合作。

第八章

调节性格的矛盾

第一节　如何应对别人的不满

现实交往中，由于相互之间立场不同、利益不同，人们经常会产生矛盾和冲突。面对别人对自己的不满情绪，最重要的是要放平心态。当对方充满敌意，如果选择以宽容理解的心态和对方交流，就会化解对方心中的怒火，缓解双方之间的矛盾。其次，要从对方的角度考虑应对之策。如果站在对方的立场，提出一种让对方可以理解的、双方都可以接受的方案，就可以在短时间内化解双方的矛盾。

1. 显示自己的谦卑

很多知名记者在采访大人物的时候，他们会有这样一个经验，那就是通过引起对方的注意博得他的同情心。然后在相互交谈中，显示自己的谦卑，让对方对你产生浓厚的兴趣。

一位美国政治家正是通过使用"表现谦卑"的方法，让自己获得了政治界的认可。他觉得显示自己的谦卑，会让自己在外人面前十分放松自如。

谦卑做人，并不是看低自己，看高别人，而是要低调做人，保持谦虚而不骄傲。生活在这个世界上，生活在人群中，只有保持谦卑的心态，做一个谦卑的人，才会获得别人的爱戴和尊重。

一个年轻人，他的母亲从小教育他在与人交往中，要始终把别人放在首位，把自己放在次位。于是，在他的成长历程中，他牢记母亲的教诲，凡事总是别人优先，最终他以优异的成绩考上大学。

到了大学，他当上了学生会干部。可是他从来没有某些人的清高孤傲，而是通过自己的努力成为深受学生拥护的学生领袖。

正是因为他待人谦和，尊重身边的每一个人，所以他不仅自己取得进步，还获得了别人的尊重。

通过以上的故事，我们可以得出，行走在尘世，要始终保持谦卑做人的心态，这样才能让自己赢得别人的尊重。

2．建立相互信任

人际交往中，要想和对方建立相互信赖的关系，要找准机会向对方倾诉，用自己的真诚友善赞美对方，保护对方的自尊心。

20世纪20年代，查尔斯·道斯为了赢得选票，面对陌生的新闻记者，他总是竭尽所能和他们交谈，和他们讲一些有趣的笑话逗乐他们，还会和他们讲他参战的轶事趣闻。他通过这样的方式，让记者们建立对他的信任，进而获得他们的支持。

为了建立相互的信任，还要勇于向对方表示自己真挚的敬意。最简单可行的方法是要时刻保持微笑，向对方传递友善的信息。

一般情况下，一个真诚善意的微笑，要比一分钟内讲几千句话更有效。因此，人际交往中，最能体现一个人对他人怀有诚意的莫过于一个简单的微笑了。

微笑的力量是神奇的。拿破仑·希尔认为，真诚的微笑，其效用如同神奇的按钮，能立即接通他人友善的感情，因为它在告诉对方：我喜欢你，我愿意做你的朋友。同时也在说：我认为你也会喜欢我的。

微笑是交际场合的润滑剂。以微笑待人，可以有效化解双方的矛盾，消除彼此的芥蒂，还可以缓解相互的压力，缓解交往中的紧张气氛。因此，不论与谁见面，不论在什么场合，都要微笑待人。

微笑是令人欢快的表情。善于微笑的人，会得到别人的尊重，会缩短相互之间的距离。因此现实生活中，提升个人魅力最简单的方法便是保持微笑。

与人交往时，时刻保持微笑，可以给对方留下美好难忘的印象，还会让自己在人际交往中获得别人的信赖和好感，让自己处处受益。

3. 勇于向对方请教

人际交往中，当处于新的环境，如何适应新环境，成为很多人面临的难题。这时，只有增进与对方的交流，让对方感受到自己的重要，才能有助于双方关系的推进。

罗斯福担任美国纽约市市长期间，曾经遭到他的对手们的反对。而他能够通过采取一定的策略让自己获得对方的好感，最终双方之间建立友谊，确保自己的一系列改革措施落实到位。

有一次，罗斯福实施自己计划的时候，正好他的部门缺人手。于是他便让他的政治对手推荐人选。一开始，他们推荐的人并不是令大家都满意的人，于是他再次让对方推荐其他人。如果后面推荐的人还不能很好地胜任工作，那么再给他们机会，让他们再进行推荐。等到他们推荐第四个人的时候，这个人正好是罗斯福满意的人选。于是，罗斯福对对方的帮忙表示热情的感谢。

然后，罗斯福会告诉对方，他曾经为了满足对方做了很多事情，而现在需要对方为他做一些事情了。面对他的要求，政治对手会积极配合他。在这个过程中，双方会建立良好的合作关系。于是，罗斯福便大张旗鼓，开始他在银行以及金融领域的改革。

罗斯福上面的策略收到了很好的效果。因此，当我们希望对方接纳自己的时候，最好先让对方针对某种情况提出相应的意见，以此使双方在相互的接触中增进彼此的友谊。

事实上，凡是有才能之人，都是十分欢迎别人向自己请教咨询的。所以通过这个机会，会拉近双方之间的距离，让对方感受到自己的真诚和善意。

杨明是一所高校大四的学生，马上面临毕业。当其他同学纷纷开始找工作的时候，他则希望自己继续深造读研。

当时，他希望报考业界知名学者张教授的专业。可是他并没有对方的联系方式。后来通过一位师哥，他辗转联系到了张教授。当他第一次到张教授家中拜访的时候，他对张教授说道："您是业界知名专家，在专业方面有很多建树，我十分希望能成为您的学生，在您的教导下学习专业知识。"

听了他的自我介绍，张教授对他十分友好。后来杨明通过自己的努力考上了研究生，导师正是张教授。在张教授的悉心辅导下，杨明顺利完成了研究生的学业。

与人交往的时候，要学会礼贤下士，勇于向对手请教咨询。这种方式不仅可以缩短相互间的距离感，而且有助于双方建立良好的友谊。

第二节　如何让别人认同你

美国总统林肯曾经说过，一个成大事的人，不能处处计较别人，消耗自己的时间去和人家争论，不但有损自己的心情，且会失去自己的自制力。在可能的情况下，不妨对人谦让一点。

人际交往中，我们总会遇到一些反对自己的人。面对他们，如果用强硬的方式处理冲突，其结果只能适得其反，更加激化双方的矛盾。而通过采取一些策略让别人认同你，不仅有助于解决问题，而且还可以与对方建立友谊。

1. 认真听完对方抱怨

二十世纪二三十年代，美国芝加哥西方电气公司霍桑工厂迎来了哈佛大学心理学家梅奥带领的团队。梅奥心理团队的任务是提高工厂的工作效率。

很多人觉得，提高工作效率，其方法无非是加强员工管理，增加劳动强度。可是心理学家梅奥却不这样认为。他花了将近两年的时间与全厂的工人进行了心理对话，让他们把藏在自己心里的不满和抱怨发泄出来，同时耐心听取他们对公司发展的建议。

结果是出人意料的。最终梅奥的方法果然奏效，通过他的方法，工厂的工作效率得到了很大提高，员工的工作积极性也得到了很大提升。

以上故事产生的效果被称为"霍桑效应"。其最主要的目的是让对方发泄自己内心深处的不满。当人们在现实生活中产生很多不如意的时候，与其一味地选择隐藏和压制，还不如找个机会进行宣泄和释放。

人在一生中会有不计其数的意愿，然而最终自己能够满足和实现的却寥寥无几。对于那些未曾实现的意愿和很难满足的情绪，要让它们找准机会适当进行宣泄。这不仅有助于人的身心健康，更会极大提高工作效率。

在家庭生活中，妻子整天唠叨，为现实中鸡毛蒜皮的小事向丈夫进行抱怨。作为丈夫，要学会倾听和包容妻子的抱怨。只有这样，家庭成员才能和睦相处，才能有效化解家庭矛盾。

2. 要怀有容人之心

当双方产生争执和矛盾的时候，如果一方怀有容人之心，适当进行让步，双方的矛盾就会避免进一步升级，而得到一定的缓解。如果总是咄咄逼人、互不相让，结果只能是激化矛盾、两败俱伤。

约翰斯·哈蒙特毕业于耶鲁大学，曾在德国弗莱堡从事矿务工程工作。从弗莱堡矿务工程公司辞职后，他想到美国议员琼斯特的公司上班。没想到的是，琼斯特是一个十分有个性的人，他对那些长相斯文、满嘴经纶的人十分反感。而哈蒙特正好是这种类型。然而，哈蒙特巧妙利用让步的策略为自己争取到机会，消除了对方对自己的偏见。

他说道："虽然我曾在弗莱堡工作过一段时间，可是那段时间我工作得很不愉快。首先我对这份工作不感兴趣，其次我讨厌那种工作环境，所以我最终做出辞职的决定，想要应聘于您的公司。最后，我告诉您一个我的小秘密，那段时间，其实我都是在荒废时间。"

哈蒙特的一番解释立马消除了琼斯特对他的偏见，他通知哈蒙特第二天就来报到上班吧。

现实交往中，面对双方之间的问题，如果怀有容人之心，适当选择让步，往往可以获得理想的效果。有时候，双方的症结在于他们存在的矛盾。正如上面故事中琼斯特对哈蒙特的偏见一样，其实是对方的自尊心在作怪。所以在保证充分尊重对方的基础上，要做适当的让步，让对方的自尊心得到最大的满足。

第三节　如何避免与人结怨

现实生活中，我们经常会受到各种各样的委屈。面对它们，如果我们一味生气，怨天尤人，结果只能让自己受伤，让别人受累。更严重的是，自己的一时不理智会激化双方的矛盾，最终导致矛盾到了不可调和的地步，难以修复。如果凡事多一分理智，多从对方的角度想，就会化干戈为玉帛，化腐朽为神奇，最终让矛盾得以消除，关系得以维护。

1. 换个方式表达意见

现实中，我们经常会听到好消息和坏消息。对于好消息，由于对己有利，每个人都喜欢听；而对于坏消息，如何正确表达，成为摆在我们面前的难题。如果表达不当，不仅会伤及对方的自尊，而且会令对方产生误解。

有一天，一位女顾客计划买一双合适的舞蹈鞋。于是她来到第一家鞋店，并试穿了一双鞋，售货员对她说："您好！您的这只脚要比那只脚大。"女顾客一听，直接转身离开了鞋店。

当她到了第二家鞋店，同样试穿了一双鞋，而那个店的售货员说："您好！您的这只脚要小于那只脚。"女顾客听后，果断从第二家店买走了舞鞋。

同样是卖鞋，出现了截然不同的效果。其根源在第二家鞋店的售货员充分考虑了顾客的心理特点。现实中，每个人都不希望别人直截了当说出自己的毛病。哪怕需要指出，也要讲究方法，通过委婉的方式说出。

当向别人传递坏消息的时候，聪明之人会在充分尊重对方的基础上，运用委婉的方式向对方说出。一些拒绝他人的话语要慎言，为了顾及对方的面子，最好使用暗示法。

2. 适当牺牲自我形象

当他第一次站在众目睽睽之下，进行首次演讲的时候，他的言语谈吐都有失水准；他的演讲思维十分混乱，他罗列的事实模糊不清。他没有得到台下听众的掌声，而是招致大家对他的极端不满。可以说，他的第一次演讲是失败的。自此以后，他身着白色马甲的演讲形象成为人们茶余饭后的笑柄。

可是没过几个月，他的再次亮相让所有人刮目相看，大家对他肃然起敬。通过几个月的准备，他各方面的能力得到了极大提高。最终，他的精彩演讲让别人觉得不可思议，让反对者听得瞠目结舌。

最终，他成了英国首相，成为欧洲著名的政治家之一。他就是迪斯雷利。

当初次亮相的时候，迪斯雷利并没有给英国人留下好印象。在别人眼中，他是放荡不羁的花花公子，他是毫无礼貌的浪荡弟子，他是华而不实的无礼家伙。因此，所有人对他的认识和眼光都是带有敌意的。可是，他并没有对自己失去信心，他在不利的境况中看到了希望的曙光。为了让厌恶他的人放下之前对他的认识，他故意进行了几次失败的演讲。他的目的是通过牺牲自我形象，衬托现在的自己。

为了让双方更好地相处，为了维护他人的自尊，有才华的人会选择牺牲自我形象，不妨让别人觉得自己略显笨拙，最终达到赢得众人认可的目的。

3. 放下自己的利益

富兰克林年轻时，还是一个名不见经传的人。他计划投资成立费城图书馆和一个学院（宾夕法尼亚大学前身），同时又想要避免自己抛头露面，所以最终他以朋友的名义成立图书馆，以别人的名义成立学院。他认为，当一个人倡议一件于人类有益的事业时，不应老是想着表现自己。如果这样，人们就会很自然地以为他是个贪图名利之人，也会使一些人心里不痛快，而正是这些人将决定着他的事业。总而言之，牺牲自己一时的虚荣心，日后也能得到更多的补偿。

现实中，理智之人从不看重自我得失，宁愿放弃自我利益，去做一些有价值和有意义的事情。

领袖人物身上有一种巨大的力量，凡是与他们接触的人都会对他们崇拜有加。由于他们坚持为大众谋幸福，从不计较个人得失，所以他们这种远大的志向让所有人无比佩服。

第九章

九 型 人 格 面 面 观

第一节　完美型人格：没有最好，只有更好

魏乐乐的妈妈是大学中文系的教授。他们所居住的小区附近有个便民市场。每天早上，妈妈总是很早起床，到便民市场购买一天的食材。

有一个周末，乐乐起床很早，于是他便和妈妈一起去便民市场逛逛。

他们首先来到了一家早点店铺。只见师傅十分熟练，将揉好的面切成几份，然后放到油锅里。只见油条在锅中逐步胀大，没几分钟，好吃的油条便出锅了。妈妈对乐乐说："妈妈要比炸油条的人差很多。"

接着，他们又来到了一家饺子店。店员动作熟练，只要双手一捏，大小如一的饺子便包好了。饺子的种类很多，有猪肉大葱的、韭菜鸡蛋的等等。妈妈又对乐乐说："妈妈不如饺子店的店员。"

等回到家中，正好电视上播放的是电视台诗词大会比赛的现场。对于主持人提出的问题，妈妈都能对答如流，要比现场参加比赛的选手强很多。于是，妈妈对乐乐说："妈妈要比那些参赛选手强。"

每个人都有自己的优点和缺点。在炸油条上，妈妈比不上专业炸

油条的人；在包饺子上，妈妈比不上专业包饺子的人；在文学理论上，妈妈要比参赛选手强。

　　作为家长，在教育孩子的过程中，必须让完美型人格的孩子认识到自己身上存在的缺点。很多时候，完美型之人希望自己不论做什么事情都是完美的，因此，他们会过多关注自己身上的缺点。作为家长，要让孩子理性认识自己身上的缺点，这样才能保证他们健康快乐地成长。

　　现实生活中任何事物都不是完美的，总是存在各种各样的缺点。对于完美型人而言，他们对自己有十分严格和苛刻的要求。有时候，即使他们通过努力完成了事情的99%，可是他们也会因没有满足剩余的1%而耿耿于怀。因此，用鸡蛋里头挑骨头来形容他们是最贴切准确的。他们认为，任何事情只有最好，没有更好。所以他们做任何事情都追求完美和极致。

　　现实中，完美主义者对自己的要求很高，任何事情都力求最好效果。他们严格遵守各项制度、规范和程序，最厌烦那些不遵守规则的人。他们希望自己各方面都要比别人优秀，对于别人的批评指正十分敏感，平时做决定的时候不是很果断。他们眼中容不下沙子，对别人吹毛求疵。他们会合理安排自己的时间，办事追求效率。他们做事十分认真细致，精益求精。与人交流的时候，他们说话比较直接，不懂得委婉讲话。他们平时比较情绪化，爱憎分明，容易发怒，不过生气过后内疚感会随之而来。

　　对于完美主义者而言，他们往往是周围生活中的优秀人物。因为他们平时习惯用高标准来要求自己，平时一旦制定目标就会通过不懈拼搏去实现。他们目光敏锐，往往可以一针见血指出对方存在的问题和毛病。事业方面，他们责任心强，是时代的弄潮儿。因此，他们是平时生活中出类拔萃的人物，具有准确的判断力和领悟力。他们往往可以洞察出先进的事物，成为行业的领军者。

然而，完美主义者因要求过高，平时很少有时间和精力享受人生，整日忙碌奔波。正是由于要求太严苛，他们与身边同事、朋友的关系也会陷入紧张状态。另外，由于整天担心犯错，他们经常忧心忡忡。很多时候，他们经常和别人比较，嫉妒心强，与别人竞争的时候往往喜欢与对方一争高下，如果技不如人会愧疚很久。他们办事追求完美，因此会关注事情的每个细节，凡事必须亲自去做，事必躬亲，最终导致对别人缺乏信任。

完美主义者认为，任何事情有且只有一条衡量标准，非对即错。他们从来不认为世间万物存在适当的可调节性。

在与他人沟通时，完美主义者经常强调的是应该与不应该。因为他们追求的是完美和理想，因此原则性较强。车尔尼雪夫斯基认为，既然太阳上也有黑点，人世间的事情就更不可能没有缺陷。而完美主义者往往会更多地在意黑点的存在，而忽略黑点周围存在的光芒。因此，人们与他们打交道的时候，往往会感到很大的压力，生怕有细节出错而受到对方的批评。所以很多人并不愿意与他们打交道。

不过，完美主义者对他人的不满意，往往是针对具体的某件事而言的，并不是针对某人。比如开车过马路，对于完美主义者而言，他们绝对会遵守交通规则，因为在他们眼中，遵守规则是每个公民必须履行的职责。如果违背规则，不仅会对个人安全构成威胁，而且还有可能导致交通堵塞。

完美主义者对身边事物有严格的要求，因此对于不按照正常轨道运行的事物，他们往往是很难接受的。一方面，他们对待事物严肃认真的态度会使事物按照正常的轨道去发展运行；另一方面，周围的人会因他们严谨认真的态度产生很大的压力。

他们讲话通常直来直去，一针见血，从来不会拐弯抹角。因此，他们的话语言简意赅，干脆利落，从不讲模棱两可的话语。他们擅长直接沟通，追求效率，意在用最短的时间表明自己的主张和看法。他们的谈话方式会让对方感到压抑和刻板，而且由于讲话态度过于强势，也会让对方感到有些不舒服。

达尔文讲过，面部与身体的富于表达力的动作，极有助于发挥语言的力量。当长时间和完美主义者打交道，就会发现他们会传递出以下身体信号。比如，他们往往追求卓越，穿着比较正式，显得高雅。他们目光坚毅，通常先关注对方眼睛，然后打量对方全身，给人一种严肃的感觉。他们通常面部表情是严肃的，偶尔会略带微笑。他们坐姿中规中矩，通常长时间保持一种姿势。他们认为与别人交流是十分严肃的事情，不论身体姿势还是讲话态度都必须保持庄重。对于那些身体语言过于丰富的人士，他们往往是很难接受的。

完美主义者的目标性和原则性很强。他们是理想主义者，任何行动都会朝着制定的目标前进和努力。不论遇到什么困难和难处，他们都会殚精竭虑，为了实现目标不懈努力。他们不仅会关注目标的内容，更在意实现目标的途径和方式。他们的内心深处通常有严格的衡量标准，对任何事情都有严肃的态度，他们办事讲究原则，从来不偏不倚。

当和他们交流时，千万不能拿原则性的内容和他们开玩笑。

完美主义者对于事物的意见往往是理性的。与人沟通的时候，他们往往会头头是道，讲话逻辑性强。对于那些讲话毫无逻辑的人，他们往往不屑一顾。

他们只要认准某件事情，他们往往会确定一定的原则和办法。在他们眼中，一旦认为这是正确性的内容，就必须遵守。当意见和态度与他们产生分歧时，你最好不要和他们争辩。因为他们对自己的主张有着充分的自信。当我们确认自己是正确的时候，要巧妙引导并说服对方；而当我们确实错误的时候，也要坦然承认自己的过失，让对方感到自己的真诚和友善。

如果在工作中遇到完美型的领导，所有的下属一定整天叫苦。领导会整天对下属的工作不满意，有时甚至会因小细节的失误而大声呵斥。而下属则会觉得领导未免过于认真，小题大做。那么完美型的领导都有哪些性格特点呢？

（1）要求高，具有开拓精神和改革意识；

（2）遵守业界规则和道德，富有进取精神；

（3）做事严谨认真，一丝不苟，注重细节化管理；

（4）诚信踏实，具有领导风范；

（5）知人善任，对员工根据能力合理安排工作岗位；

（6）办事有目标，井井有条，按部就班；

（7）凡事力求完美，自己承担事务过多，不懂下放权力；

（8）恪守标准，不善于根据实际情况适当调整；

（9）严于律己，对下属要求苛刻。

如果你的领导符合以上特点，那么他便是完美型人格。所以你要根据他的性格特点和管理方式合理安排自己的工作，同时还应加强和他的沟通，赢得领导的认可，在领导的指教下快速成长。

要想赢得完美型领导的认可，单凭自己的勤奋努力是远远不够的。第一，必须认真接受领导的批评。因为完美型领导要求很高，尤其是对于工作马虎的员工，他们会十分生气。如果下属对于领导的批评不洗耳恭听，而是进行反驳，自然会进一步激怒领导。所以作为下属，对于领导的批评，哪怕苛刻，也必须耐心接受。

第二，千万不能违背领导的原则。完美型领导通常原则性很强，他们希望自己的员工要严格遵守他要求的原则，不得触犯。如果员工在实际工作中有一些不足之处，只要虚心请教，他们也会耐心进行指教。

第三，不折不扣执行领导交付的任务。对于领导交代的事情，有的员工会认真履行，有的则马马虎虎。尤其是对于完美型领导，他们更喜欢严格按照要求采取行动的员工。

第四，诚恳接受领导的批评。对于完美型领导的要求，即使下属有不同的意见，也要在适当的场合合理提出，最重要的是态度要诚恳。

作为领导，在与完美型员工进行沟通的时候，讲话必须注重一定的技巧，形成良好的气氛。

第一，讲话要有逻辑性。

与完美型员工交流时，讲话必须有逻辑性。当提出一定的主张，必须详细罗列清楚其理由，使用理性的语言。这样，他们会认为自己的领导是专业素质过硬、执行力度过强的人。相反，如果领导讲话侃侃而谈，不符合实际，下属就会对领导产生不信任感。

第二，讲话要带些幽默感。

因为完美型员工原则性较强，和他们交流，如果适当讲一些幽默的话语，会使双方的交流氛围变得更加融洽。幽默的话语往往可以消除相互之间的陌生感，是人际沟通的催化剂。完美型员工虽然不会主动讲一些幽默的话语，可是这并不代表他们排斥幽默的语言。如果领导在和他们交流的时候融入幽默化语言，双方会沟通得更加顺畅。

第二节　给予型人格：富有爱心，乐于助人

从前有一只兔子，它十分喜欢运动，尤其是跳跃类的项目。有一天，森林里召开运动会，所有的动物都可以报名参加。于是，兔子根据自己的特长，自告奋勇报名参加了跳远。其结果可想而知，兔子凭借优异的成绩成功超越鸡、鸭、鹅等动物，获得了跳远冠军。

这令兔子十分自豪。它到处向其他动物炫耀自己的成绩。正当它得意之际，一只老狗告诉它，其实它天生的资质很好，体力也超强，只要它加以努力，可以获得更多的冠军。

老狗的一番话提醒了兔子。于是在接下来的日子里，兔子不是练习百米跑步、举重，就是练跳高、推铅球等。

等到第二年再次召开运动会的时候，兔子报了很多项目。可是由于它报的项目太多，分散了它太多的精力，最终它在各项目的初赛便被淘汰了。

现实中，像兔子这样的员工属于给予型之人。他们具有超强的拼搏精神，能够出色完成领导交代的工作。可是他们的弱点是抗干扰能力差。只要有外界的干扰，就会影响他们的注意力。他们就会将精力分散到一些无关紧要的事情上面，进而忽视了自己的紧要任务。如果领导给他们分配过多的工作，他们就会像故事中的兔子那样，失去自己的特长，最终导致一事无成。

给予型人格的人善于帮助他人，他们会留意身边的人的情绪变化，对于别人的需求，他们往往会尽其所能去帮助。相互交流时，他们也会根据对方的要求改变自己的沟通方式，尽可能迎合对方的需求。因此，在给予型人的眼中，自己的需求并不是第一位的，对方的需求才是最重要的。有时为了满足对方的需求，他们会想尽一切办法去完成。

给予型人是利他主义者，他们希望通过自己的真诚帮助别人，同时也希望自己获得他人的认可。如果自己的善意没有得到对方的认可，他们甚至会为之而感到无比内疚。

给予型人性格外向，热情开朗，充满阳光。由于喜欢做助人为乐的事情，他们富有爱心和同情心，喜欢认识志同道合的朋友，平时乐于倾听对方的讲话。他们观察能力强，可以透过细节知晓对方的需求。因此，这类型人的人缘比较好，知晓如何博得对方的喜欢和支持。他们比较重视人际交往，懂得礼尚往来。如果双方发生冲突，他们会选择退让，因为他们会觉得发生争执是一件十分痛苦的事情。

然而，这类型人是热心肠人，平时会被各种各样的事情所束缚，很少有时间顾及家庭。另外，他们往往喜欢打听别人的私事，会时常侵犯他人的隐私。

给予型人因过度重视他人的需求，花费了大量的时间和精力。因此当自我需求来临的时候，他们往往无暇顾及。所以他们会陷入这样的困惑：究竟是以自己的需求为先，还是将他人的需求放在首位。

给予型人格的人，他们性格特点中的优点是：

（1）富有爱心，乐于奉献。他们充满关爱，尤其是当别人遇到一定难处的时候，他们往往会尽自己的最大努力去帮助别人。当面对社会上的弱势群体，他们更是会倾其所有去帮助。

（2）凡事总是站在对方角度考虑问题。由于他们乐于助人，很多时候，他们总是从对方立场考虑问题，总是尽力满足对方需求。因此，他们会与别人一同承受痛苦，而且从不抱怨。

（3）尽快知晓对方的需求。给予型人观察能力强，他们会在最短时间内走进对方的心理世界，知晓对方目前的需求。因此，很多时候并不需要开口，他们已经可以意识到对方的需求。

（4）多了解对方的心声。因为给予型人的识人能力强，所以他们更会知晓别人的心声和需求。他们更会在短时间内了解现状，发现问题根源，让问题最快得到回复和反馈。

（5）擅长营造爱心氛围。给予型人喜欢通过自己的努力和热情为他人创造良好而亲切的气氛，会让别人感到心中充满正能量的暖流。他们会将自己的想法落实到具体行动上，会让更多的人感觉到生活的乐趣。

（6）担任幕后支持者。这类型人富有爱心和同情心，很少去计较个人的得失。相反，他们会主动帮助需要帮助的人，成为他们的坚强后盾。

然而，给予型人的性格中也存在着以下局限：

（1）忽视个人需求。因为给予型人将更多的时间放在别人需求的事情上，很少有时间考虑自己的需求。这会造成他们的时间过多地花在别人身上，进而忽略了自己的需求，造成资源的严重透支。

（2）希望得到别人认可。给予型人乐于助人，他们并不希图对方对自己有所回报，可是他们希望自己的付出得到对方的认可。即使是精神层面的认可，也是对他们最大的支持和鼓励。相反，如果自己的付出一直得不到别人的肯定，对于他们而言将会是莫大的伤害。

（3）过分迎合他人。给予型人希望自己的帮助可以对别人起到一定的作用。可是很多时候，他们会依据对象的不同表现自我的不同，时间一长，他们会迷失自我，并不清楚自己的本来面目。

（4）过于关注交际。给予型人十分热衷于人际关系交往，他们会把大部分的精力放在自己和别人如何相处上面。可是这会导致他们花在自己身上的时间太少，很少有时间考虑自己的事。

工作中，给予型领导十分关怀下属，他们会尽自己所能为下属提供良好的发展平台和机会。如果下属在具体工作中出现了问题和失误，他们会帮助下属分析出现问题的原因，帮助他们吸取教训，防止今后犯同样的错误。如果他们发现下属的能力不能胜任其工作时，还会给他们提出指导性意见，帮助他们完成工作目标。这种工作方式有助于团队之间的和谐建设，可是却不利于员工的个人成长。

职场中，给予型领导喜欢听话的下属，因此作为他的下属，必须按照领导的安排完成相应的工作，这样才能得到领导的认可和欢迎。与之相反，如果面对领导的安排，作为下属，要么总是持反对意见，要么办事总是拖拖拉拉，一定会招致领导的不满。

和给予型领导交往，要经常向领导汇报自己的工作进展情况，便于领导对你的工作做出准确的安排。同时，当领导布置工作任务时，要无条件服从，不要过问太多的细节。如果工作中遇到难题，首先要自己想办法解决，提出自己的应对之策，如果超出自己的能力范围自己难以解决，再找领导寻求帮助。

作为领导，如果发现身边的员工工作态度良好，除了积极完成自己的本职工作，还会乐于助人，帮助其他同事解决工作中的难题。那么这些员工便属于给予型员工。作为给予型员工的领导，和他们交流与沟通时要给予关爱，同时要更多地信任他们，给他们提供更多的施展才能的机会。对于他们而言，得到领导的信任是一件十分开心的事情。他们一定会发挥自己的能力，将工作做到最好。

第三节　实干型人格：凡事必须成功

亮亮是一位三年级的学生。"六一"儿童节到来之际，他是全班里面表演节目最多的学生。除了全班集体表演的诗朗诵，他还单独表演了舞蹈和古筝。最终，他凭借出色的表现获得了一等奖，并荣获"多才多艺小童星"的荣誉称号。

亮亮回到家后，爷爷奶奶十分高兴，觉得孙子各方面十分优秀，于是他们不厌其烦地告诉周围的亲朋好友。就这样，亮亮觉得自己能力很强，干什么都比别人强。

　　不久期末考试到了，由于亮亮课余时间报的兴趣班太多，分散了他的精力，最终导致他的文化课成绩没有考好，没有获得全优。这令他十分伤心。

　　对于实干型孩子，如果家长过分表扬他们，时间一长，就很容易让他们产生自己比谁都强的心理。所以在教育孩子的过程中，对孩子的表扬和赞美要适度，不能过分夸奖孩子，让孩子产生错觉，觉得自己比他人都强，进而产生心理压力。

　　实干型人注重竞争意识，将每件事情都视为参加一场比赛，希望自己通过努力和付出取得优异的成绩。在他们眼中，自己所获得的成绩往往是衡量其社会地位的重要标准。所以，他们要想获得成功，十分注重办事效率。在他们的影响下，周围其他人也会以他们为榜样，向他们学习和靠拢，进而形成强大的凝聚力。

　　实干型人往往自信心十足，在与人交流时注重自我形象，交谈时会表现出幽默的一面。当遇到不同情形和场合，他们往往能够游刃有余，可以应对各种突发情况。他们对自己的要求比较高，因此十分在意最终的成绩。如果达到心理预期，他们会再接再厉，不断提高；如果没有达到理想成果，他们往往会意志消沉，十分沮丧。在单位，他们是公认的工作狂，经常为了完成公司的目标殚精竭虑，加班加点。因此他们的工作能力和水平往往能得到公司领导的认可。他们通过自己的不懈努力取得令人瞩目的成绩，同时他们也希望借此获得一定的社会地位，希望自己的成绩成为自己获取名利的重要途径和方式。

　　实干型人认为，名利是衡量一个人社会地位的重要标准。因此，为了让自己树立好的形象，必须通过自身的辛苦和努力不断进步，获得更多的名利和地位。

　　实干型人十分在意自我形象。他们希望将自己最光鲜靓丽的一面展现给别人。他们觉得自己是其他人的光辉典范，因此需要以成功者的心态标榜自己，让人感到积极向上、意气风发的正面形象。对于未来，他们信心十足、满怀激情。为了达成目标和任务，他们勇于进取，充满干劲。平时，他们从不浪费一分一秒，总是将自己每天的日程安排得十分紧凑，尤其是在工作方面，他们更是尽职尽责，是十足的工作狂。他们以实现人生目标为宗旨，具有强烈的进取意识。他们认为，成功的结果固然重要，实现成功的过程和经历同样也是十分重要的。因为这个过程是自己人生履历不断丰富和完善的过程，通过这段经历和锻炼自己变得不断强大。

　　实干型人不懈拼搏，满怀激情，希望通过自己的努力获得一定的社会地位。这促使他们将会投入更多的时间在实际工作中，不断取得让别人羡慕不已的成就。他们善于言谈，敢于说出自己对外界的看法，开展工作前，他们会提前进行充分的准备，从来不会像无头苍蝇似的盲目工作。

　　实干型人为了达到成功往往不遗余力，他们将成功视为人生的第一要素。他们认为，只有通过激烈的竞争，才能让自己不断强大，进而体现自己的社会价值。他们注重效率，因此追求高效的办事速度。他们觉得速度往往可以反映出一个人的综合素质。不论对于任何事情，只要用心关注，他们往往会十分投入，在最短时间内实现自己的目标。

　　由于人的精力是有限的，当实干型人将自己的大多数精力放在工作上的时候，他们会忽视与家人好友相聚的机会，时间一长，他们之间的情感会被淡化。他们经常会根据周边形势的变化采取不同的策略改变自己。

实干型人珍惜时间，关注效率。他们会为自己设定各种各样的目标，每天会抓紧一切时间为了实现目标而不懈努力。他们希望通过自己的付出尽快获得自己所期待的名誉和地位。因此，在与他们沟通的时候，必须讲求效率，要直奔主题，言简意赅。他们最厌烦啰里啰唆、没有重点的讲话，因此沟通时必须把握节奏和速度。

实干型人追求的是速度和效率，因此为了确保有效沟通，他们十分注重讲话的逻辑性和条理性。他们不喜欢讲与话题无关的内容，更希望在短时间内将自己的主张和看法快速进行表达。同时，他们也不喜欢和素质差、没能力的人交流。在他们眼中，和素质差、没能力的人沟通是徒劳无功的事情，简直就是在浪费时间和精力。所以更多时候，他们认为将有限的时间放在有意义的话题上，比什么都重要。

在个人形象方面，实干型人十分在意自己平时的着装。他们希望自己的着装会给对方简单大方、干净利落的感觉。相互沟通时，他们的眼神往往自信满满，展现出自己的内在实力。同时，他们的肢体语言十分丰富，举手投足之间都体现出专业的素质和能力。针对不同的场合，他们会灵活应对，通过自己的言语融入相应的场景。

实干型人争强好胜，他们对自己要求很高，希望自己在各方面都不比别人差，希望自己所完成的事情得到别人的赞美和认可。而这也促使他们为了实现自己制定的目标而不懈奋进。面对别人的进步，他们会在内心深处暗自鼓劲，要求自己通过努力不落后甚至超越他人。

当你和实干型人打交道时，如果你认可他们的理念和发展方向，对他们的辛勤努力表示赞同，那么你可以和他们进行合作，实现互利共赢。而他们也十分欢迎与自己志同道合的伙伴，通过共同的努力创造更大的财富。

如果你遇上的是实干型人的竞争对手，他们通常是很难认输的，除非你有更强的实力。所以，和他们打交道，最好是进行友好合作，相互配合，共同发展与进步。如果采取对抗，往往只能是两败俱伤。

对于实干型人而言，他们会把平时打交道的人分为有价值的人和没有价值的人。为了获得成功，他们会主动和有价值的人接触，进行合作；自然，对于没有价值的人，他们会忽视对方。针对有价值的人，他们会通过努力将自己塑造成对方眼中期待的形象，要求自己符合对方的要求。

当展开合作时，实干型人希望自己的努力和付出得到对方的赞同和认可。因此，强势的他们往往不喜欢得到别人的否定性评价。倘若你有不同的意见和主张，不妨多给对方提建议，这样他们更容易接受。正所谓"一个建议胜过十个批评"，讲的便是这个道理。

很多时候，实干型人会关注那些社会上的成功人士，他们会时刻把握大家对成功概念的理解。如果大家觉得成功者应该是什么形象，他们就会将自己打造成什么形象。

实干型人在人际交往方面能力超强，因此和他们打交道，最好是以合作者的方式介入。另外，他们看重的是合作方的综合素质，希望大家彼此遵守诚信原则。对于那些通过欺诈方式骗取认可的做法，他们是深恶痛绝的。因此，在双方合作出现问题和难处的时候，坦诚相对，实事求是，往往是解决问题的最佳途径。

　　在实际工作中，如果遇到实干型的领导，他们会要求下属必须承受一定的工作压力。通常他们会以身作则，将企业发展和自己的个人前途紧密联系，因此，作为下属，必须通过自己的勤恳努力和高效工作才能赢得实干型领导的认可和好评。

　　实干型领导更多关注的是结果，对中间的过程不是很在意。他们通常会根据下属的成绩评判他们的优劣。至于工作过程以及过程中出现的问题，他们往往并不十分关注。

　　实干型人向往成功，会朝着自己制定的目标不懈拼搏，具有强烈的务实精神。他们认为任何事情都是通过实干和努力获得的，如果整天讲理论、喊口号，迟早会被淘汰。他们更注重的是执行力，希望大家知行合一。

　　有时候，有些人点子多，可是对于如何真正落实到位，往往很难提出具体的措施和应对办法。所以，这类人的理念和做法是和实干型人相悖的。

　　实干型人重视效率。因此他们认为速度比什么都重要。他们花大量时间和精力投入到具体工作中，目的就是提高工作效率。而他们的高效率往往也是业界所公认的，令他人望尘莫及。

　　实干型人懂得变通。他们希望制定的目标和计划要符合现实，同时也要根据实际情况做出适当的调整。只有这样，才能让自己的效率有更大的提高。

　　有人说过："人的智慧如果滋生一个新点子，它就永远超越了它原来的样子，不会恢复本来面目。"当遇到难题的时候，只有灵活应对才能有长足发展。如果固守教条，囿于成规，不懂变通，往往只能事倍功半，得不偿失。

对于实干型员工，如果在实际工作中学会变通，那么他一定会得到领导的器重。因为领导更注重结果，而变通思维往往会促使员工在更短时间内完成目标。

实干型人总是觉得自己比别人强，时间一长，他们往往形成自己"一贯正确"的思维，不愿意承认自己的错误。长此以往，这种习惯会影响其个人的长远发展。因此，平时多沟通，对于工作中发现的问题要及时处理和解决，才能让双方的合作更加融洽和愉快。

第四节　浪漫型人格：标新立异，独一无二

小杜是一名马上面临毕业的学生。她的家境很普通，父母含辛茹苦抚养她成人，供她上学，实在不容易。同班的一个男生对她有爱慕之意，同时他也喜欢另外一个家境优越的女生。对于这个男生而言，他觉得这两个女生都十分优秀，可是究竟选择和谁走向婚姻的殿堂，男生心中也很矛盾。

有一天，这位男生送小杜回家。他来到小杜家中，小杜家里的房间很简陋，里面没有配置什么像样的家具，显得有些寒酸。

可是令这位男生惊喜的是，小杜家中的阳台上摆满了五颜六色的花。她告诉男孩，这些花都是她从地里摘的。这些花虽然都是田野中不起眼的野花，可是将它们组合到一起，即使插在普通的瓶子里，也会给人心旷神怡的感觉。

自从那次到小杜家后，男孩决定选择小杜为他的终身伴侣。他之所以做出最终的决定，原因其实很简单：小杜是一个有生活情调的人。这正是男孩所看重的地方。

时间是最好的证明。男孩的选择果然没错，他和小杜很快便迈入了婚姻的殿堂。现实中，男孩对生活充满情趣，而这也是小杜的喜欢之处。他们婚后经常利用闲暇时间结伴而行，外出旅游，共同享受人生的幸福和快乐。

以上故事中，小杜是典型的浪漫型人。他们生活中虽然很平凡，可是却从来不缺少生活情趣。

浪漫型人注重感性，往往会根据自己的个人喜好来评判周围的事物。他们注重自己的情感世界，不断寻求自我，探求心灵之美。他们会被现实中充满激情的事物所吸引，也会因现实中的各种不幸而多愁善感。

对于别人的难处，浪漫型人往往能够感同身受，会暂且放下自己的工作去帮助他人。他们通常凭借情绪、靓丽的外表以及高雅的追求树立自己良好的形象。对于自己望尘莫及的事物，他们往往关注的是优点；而对于自己已经拥有的，他们更多时候看到的是缺点。如果他喜欢上一个人，往往会表现得十分缠绵，他会想尽一切办法哄得对方开心。

浪漫型人十分在意自己的情感世界，尤其是自己的爱与失。对于他们而言，当两个人有机会相识，相互之间产生爱慕之意，他们便会相爱，觉得自己的生活是完美的。相反，他们则会觉得是不完美的，他们会为之感到伤心。

浪漫型人富有同情心，针对不幸他们有一种与生俱来的亲切感。他们希望和那些正处于悲伤中的人在一起，帮助对方走出内心的悲伤。

浪漫型人对现实中的不幸十分敏感，他们不认为不幸是消极因素，而是将其视作生活的调味剂。他们也许在不幸中长大，却希望通过不幸进行创造。正如艺术家甘愿挨饿也不会出售自己的作品一样，他们认为人生的残缺和不幸往往会增进生活阅历，让自己更加懂得人生在世的真谛。

浪漫型人会时常沉溺于自己的情感中，稍不留神便会展开想象，进入天马行空的境界。这种思维会让他们产生各种各样的灵感，将平时接触到的事物相互牵连起来。

对于世间万物，不同的人会产生不同的直觉。而浪漫型人的直觉更多源于他们对未来事物的向往和追求。平时即使他们与远方的朋友相隔万里，相互之间也会建立真挚的情感。

当与浪漫型人交流时，他们通常都会以自我为中心，根据自己的喜好和情绪决定交流的内容。因此，有时候他们所讲出的话会让对方丈二和尚摸不着头脑，不知接下来该如何应对。

在具体工作中，当我们碰上浪漫型领导，是一件十分恼人的事情。他们一会儿精力旺盛，侃侃而谈；一会儿则消极应对，死气沉沉。总之，他们的情绪时而喜悦，时而伤感，经常让下属无言以对。

面对浪漫型领导，作为下属，要学会根据领导性格的优劣采取不同的应对措施，要最大程度参考他们的性格特点，经常和他们沟通，才能让自己得到他们的认同，进而使自己获得更多的发展机会。

由于浪漫型领导情绪变化快，所以下属很难了解他们的心理。与他们打交道，经常会让人产生强烈的惶恐。

第五节　观察型人格：保护自我，安静独处

古时候，一个马夫养着两匹马。每天，他都会赶着马车去拉货，然后再到集市上去卖货。

有一天，在拉货的路上，其中一匹马不像平时那么卖力，而另一匹马则和往常一样卖力拉车。等干完活回到家的时候，偷懒的那匹马笑话另外一匹马：

"我今天没有花那么多力气，得到的草料和平常一样。而你费了很多力气，得到的和我也差不多。"

另外一匹马并没有在意它的话，还是照样拼命干活。它觉得主人既然养了它们，就要好好干活。

没过几天，马夫杀了偷懒的那匹马。有人问他其中的原因。马夫说道："对于我而言，一匹马就可以干完那么多活，我为什么还要花钱养一匹白吃白喝的马呀。"

正如上面的故事，马夫是典型的观察型领导。他们平时看似不善言谈，其实他们会在暗中观察自己下属的工作情况。他的下属中谁在用心工作，谁在应付工作，他都心如明镜。如果他的员工像那匹偷懒的马一样，不是尽职尽责完成领导交付的工作，而是想方设法偷懒和拖延，有的甚至还自以为是，耍小聪明，时间一长，领导一定会知晓，最终等待他们的只能是被淘汰的下场。

观察型人特别关注每个人的内心想法，经常以思想者自居。所以，他们更多时候希望自己生活在一个淡然安静的氛围中。对于他们而言，思考比行动更重要。他们认为，纷繁复杂的世界会对自己的个人隐私构成侵犯，所以要经常沉浸在属于自己的世界中，让自己有更多的时间去观察和思考万物，保持自己独立的人格。

观察型人不希望自己的私人领域受到打扰。因此，他们希望独处，平时很少外出，仅仅与外界有少量的接触。更多时候，他们在意的是对心灵的思考，对万物的洞察。

观察型人认为，精神比物质更重要。因此，他们对于衣着等身外之物并不在意，他们更多关注透过物质内部的深层次的精神思考。所以他们对物质有很强的敏锐感，往往可以透过事物的表象看到其本质，意识到其存在的危险，同时还可以将其和类似事物相关联，对其未来发展进行一定的预测。他们经常思考，可以全身心留意和关注事物的表象特征，进而看清事物的真相。他们喜欢对世间万物根据一定的标准和特征进行分类，对于自己感兴趣的话题往往刨根问底，喜欢对万物产生疑问并进行理性思考。

在实施某件事情前，他们会花时间和精力收集相关信息，提前做好各项准备工作。他们觉得这是十分重要的工作，如果准备不充分将是十分错误和遗憾的。

他们具备周密的思考力和分析力，擅长对所做事情进行详细而长远的规划。他们会根据自己搜集的材料进行深入的研究和思考，进而建立完善的资料库，为以后判断和分析事情的发展趋势提供有价值的参考。

　　他们喜欢学习，经常以不同的主题为内容进行主题性学习。尤其是遇到自己感兴趣的内容，他们更是会心无旁骛地去研究，哪怕这些内容短时间内不会产生太大的效益，他们也会专心去做，直至找到它们内在的本质原理。

　　由于整天把时间和精力放在对内容和知识的追求上，他们会脱离实际，行动力差。尤其是遇到一定的机会，往往不能很好地去把握，进而与之失之交臂。另外，经常性思考也会让他们在遇到一定的难题时总是犹豫不决，踟蹰不前，错失行动良机。

　　面对人生难题，他们往往比较冷静客观，不会意气用事、鲁莽行动。他们通过冷静思考，会对事物的现状和未来做出自己的预期和判断，对解决问题提供自己独特的见解和主张。

　　人际关系方面，他们不善言谈，很少与外人接触，因此不擅长处理人际关系。如果在实践中和别人产生矛盾冲突，他们通常比较低调，属于自己的责任会主动承担。如果他人遇到悲伤的事情，他们会送去关心和慰问，希望对方尽快摆脱心中乌云，追求属于自己的幸福生活。

　　他们经常涉猎世间万物，会关注每天世界上发生的大事，这有助于他们对世界进行深入的了解，更好地了解和掌控自己的私人空间。所以，他们对时间、资讯等资源有大量的需求，甚至可以说他们有显著的贪婪特征。这会促使他们获得独立生存的资源，产生自我中心的倾向。

　　对于观察型人而言，因他们天性喜欢安静独处，所以他们并不擅长交际，当他们身处交际圈中，他们会感到惶恐不安，担心自己的私密空间受到外界侵犯。所以他们总是在自己与别人之间设置距离感，始终将自己塑造成旁观者的角色，让自己站在旁人的角度观察对方的思想和行为，剖析他们行动背后的想法。他们与人沟通时，更多时候希望谈及自己感兴趣的话题，同时他们讲话比较有条理，往往言简意赅，直奔主题。

相互交流必须建立在相互尊重的基础上。对于观察型人而言，他们希望对方要懂得尊重他们的私密空间。同时，相互交流前要提前进行沟通，确定交谈时间和地点，有充分的准备。初次交流时，内容要侧重于问题产生的原因，同时讲清对问题的看法和建议，最后还要留出一定的时间进行总结，给出中肯的意见。

很多时候，观察型人喜欢独处的环境，不喜欢和外界接触，所以他们喜欢安静，即使在相互交谈的过程中，他们往往也是沉默不语。如果遇到自己十分感兴趣的话题，他们会滔滔不绝；如果遇到仅仅和自己相关的话题，他们会简单敷衍几句话；如果遇到不感兴趣的话题，他们则沉默不言。

对于观察型人而言，他们更多时候扮演裁判员的角色，以他们独有的思维评判世界万物。如果使用颜色来形容他们的世界，最恰当不过的就是灰色了。他们像灰色一样观察周围的世界，给别人的印象是不愿意彼此深交，希望保持一定的距离。而正是这种相互尊重，使得相互间会建立起一种无形的信任。

有时候，观察型人留给外人的印象是冷漠。实际上，他们是一些外冷内热的人，他们只是不善于表达自己内心的真实情感，给人造成冷漠的感觉。因此，和他们交流时，如果表现出十分热情的样子，他们也会释放亲切的善意。

现实中，如果遇到观察型性格的领导，由于他们的性格特点是冷眼待人，平时善于观察，经常独立思考，所以作为下属，更多时候应表现出一定的执行力，要每天对自己的学习和工作情况进行整理汇总。

观察型领导喜欢按本分办事并听话的员工。他们会与员工保持一定的距离，既有助于尊重对方，还保护彼此的隐私。他们对工作中的职责划分有清晰的界限，并以此为依据进行合理化安排。对于下属而言，他们必须自己独立完成领导交代的工作，如果遇到难处也要自己想办法独立完成。

由于观察型领导的优点是经常观察，勤于思考，善于总结，所以作为员工，必须具备缜密的观察力和思维力。因为只有这样，领导才会对每位员工有基本的判断。

观察型领导喜欢系统化的规划。按照他们的要求，员工必须懂得认真踏实做好本职工作，学会以冷静的态度分析工作中的问题，同时要花时间用于如何尽快收集有价值的资料，确保自己的工作得到一致性好评。

面对变化，观察型人心中充满矛盾。一方面，他们担心自己的隐私会因此受到侵犯，另一方面，他们希望自己学习更多的知识来武装自己，进而进行有效把控。首先，如果想统一处理系统变化，前提是要对相关情况进行认真调研。其次，要多倾听别人的建议，并根据现状虚心采纳。第三，要保持冷静情绪，关注团队情感变化，转化成积极能量。第四，针对大家不同的想法，要集思广益，逐一讲述个人想法，汇总提出最佳应对之策。

如何打造高效团队，对于观察型领导而言，必须注重加强自身的思考力和凝聚力，懂得激励团队的员工，营造齐头并进谋发展的氛围。

首先，要信任员工。领导只有充分信任员工，员工才会有使命感和责任感，才会全心全意地投入到工作中，为团队贡献自己的最大力量。

其次，要制订计划。由于领导分析和思考能力超强，因此，制订一套条理清晰、上下一致的工作计划，对于团队在规定时间内高效完成团队目标是至关重要的。

再次，要严格区分工作和生活。只有严格将工作和生活分开的原则执行到位，工作时间要安心高效工作，才可以极大程度提高工作效率，促使员工有更大的动力为企业效力。

最后，花时间去思考。正是做任何事情习惯于多思考，所以才能取得比别人优异的成绩。因此，凡事多思考，意识到思考的重要性，可以让自己在短时间内有快速的成长与发展。

第六节　怀疑型人格：时刻要保持警惕

有一天，科学家爱迪生在外出的路上遇见了一位多年未曾见面的老友。他们十分投缘，多年未见，感觉十分亲切。交谈的过程中，爱迪生发现老友的手指关节红肿，便关心地问他手指红肿的原因。

老友告诉他，他的手指最近一直处于红肿状态。为此他去了多家医院。每个医生都有不同的说法，不过大多数医生认为这是痛风症的前兆。

接着，爱迪生便问老友什么是痛风症及其成因，老友十分耐心地告诉他，这是尿酸长时间淤积在骨节处的结果。接着，爱迪生便问老友如何才能把淤积在骨节处的尿酸去掉。然而，老友告诉爱迪生，因为尿酸具有不溶解性，所以导致其长期堆积在骨肉里，很难去掉。

于是，喜爱钻研的爱迪生回到实验室里，对尿酸是否可以进行溶解进行科学实验。他排好一列试管，并将化学试剂分别注入管中。然后，他在每个试管中放进适量的尿酸结晶。让他意外的是没过几天，其中一个试管中的尿酸结晶竟然被溶解了。

爱迪生通过自己的耐心钻研，终于有了科学界新的发现。这对于科学溶解尿酸具有十分重要的意义。而他的这一发现一直被广泛应用于痛风症的治疗。

对于怀疑型人而言，怀疑是他们的本性。正是充满怀疑，所以他们平时遇到问题往往喜欢刨根问底。这是一种可贵的精神，也是勤奋的表现。

怀疑型人天生内向保守，疑心病重，平时办事警惕性高。对于每个人的行为，他们都会花时间思考其行为背后的意图。很多时候，他们过多地把注意力集中在现实中倒霉的事情上，使他们认为外界充满着各种各样的威胁因素。尤其是遇到毫无准备的情形，他们更是对周边环境和形势充满疑心。

怀疑型人心中有强烈的不安全感，总是担心自己被坏人利用，平时十分在意周围人员的言行，总是保持高度的警惕，因此，他们办事总是小心谨慎。对任何事情，他们心中都会担心有意外情况的发生。

这类人危机意识极强，警惕性极高。当现实中危险来临时，他们往往十分理性冷静，忙而不乱，可以通过积极有效的措施来化解危险。

对于他们而言，在日常生活中，必须严格遵守社会道德规范和行为准则，具备强烈的社会责任感。当灾难来临时，他们往往会牺牲自我，保护集体利益。他们会全力以赴，为了自己的目标而不懈努力，不求回报。

由于他们心怀疑虑，平时总是谨慎行事，因此十分注重细节。有时会导致整天在踟蹰犹豫中徘徊，迟迟不能做出最终决定，原本正常进行的工作会因此一拖再拖，最终只能以失败告终。

这类人通常十分保守，做事按部就班。他们总觉得参照本子办事才放心，没有了参考就会畏缩不动，停滞不前。任何事情只有有了十足的把握，他们才愿意去做。

怀疑型人平时擅长自我怀疑，归根到底是他们自信心不足。正是对自己不信任，所以才整天患得患失。因此，更多时候他们希望得到给自己安全感的事物。

怀疑型人经常自寻烦恼，庸人自扰，经常质疑自己。他们的警惕性过强，甚至有时他们也不清楚自己担心什么，可是他们依旧要在做好防范措施的前提下，才会实施具体行动。

有时候，他们忧心忡忡，可是并不会在表面上表现出来，总是通过侧面打听的方式试探别人的反应。与他们交流时，最好以诚相待。因为他们过于敏感，很可能你的无心之举也会引发他们的猜疑。所以和他们打交道必须把握好分寸，既不能过分赞扬，也不能过多批评。

谈及讲话方式，怀疑型人平时经常使用不确定话语。比如稍等、我再想一想、我还不知道等。他们讲话时语气沙哑，节奏较慢。谈及核心问题总是吞吞吐吐，不会直切主题。当让他们进行确定性判断时，总是绕来绕去，话语充满矛盾。他们的话语偏理性，逻辑性强，很少带有情感性话语。

由于心中产生不安全感，他们与人交往时总是十分谨慎，总是对周边存在的问题和危险因素产生畏惧心理，整日惴惴不安。所以很多人不愿意和他们打交道。有时候即使别人心存善意，热心帮忙，他们也要思索片刻，生怕别人有所企图。

与怀疑型人交流时，一方面要克制他们的猜疑心理，增强他们对外界的信任，另一方面要以真诚友好的态度和他们交流，千万不能以猜疑的心态进行交流，否则只能适得其反，两败俱伤。

在中国传统文化里，中庸文化博大精深、源远流长。中庸讲究办事有分寸，懂进退。而怀疑型人为人处世时很好地运用了中庸思想，深浅有度，恰如其分。所以，在实际交往中，学会运用中庸思想，讲话注意分寸，可以缩短双方的距离，获得对方的信任和好评，赢得对方的支持和肯定。

工作中，怀疑型性格的领导，他们总是对世间万物心存疑虑，对世间万物总是持怀疑的态度。他们办任何事之前总是先进行详尽的了解，并对其进行认真分析，同时可以提出建设性意见。作为员工，平时要根据怀疑型领导性格的优劣采取相应的应对之策，获取他们的认可和支持。

怀疑型领导喜欢忠诚度高的员工。因为他们平时具有强烈的不安全感，所以他们希望自己的员工忠诚度高，注重相互之间的团结与合作。因此，作为员工，必须高度服从领导的指挥和安排，对于领导交代的工作一定要认真完成，只有这样自己才能得到领导的认可，才能在企业获得更多的发展机会，进而发挥自己的才智，创造更多的财富和价值。

作为员工，在汇报工作的时候，要报忧不报喜。因为怀疑型领导忧患意识强，凡事总要做最坏的准备，他们平时做任何事情都必须万事俱备才安心。汇报工作时，还应提前预测工作实施中可能出现的问题以及问题出现时的应对之策。

怀疑型领导希望与员工坦诚交流。他们平时总是生活在惶恐中，常常感到不安。他们认为世界充满挑战，因此必须提前为可能即将发生的事情做好准备。而要消除他们的疑虑，最佳办法是由他们亲自体验，同时可以向别人说出自己内心的真实想法。

针对怀疑型领导，员工只有坦诚以待，才能达到理想的效果。如果员工总是窃窃私语，对于领导而言，他们一定会觉得员工没有用心工作，对员工产生误会。因此直接说出自己内心的真实想法，反而会赢得领导的信任和认可。

第七节　享乐型人格：我的快乐我做主

工作之余，卡耐基喜欢到家附近的公园散步，一方面因为这里空气清新，爽心悦目；另一方面还可以放松自我，锻炼身心。可是没想到的是，他的这一好心情被一群野炊的孩子们破坏了。

由于公园环境不错，很多年轻人闲暇之余会在草坪上野炊。由于野炊需要生火，一不小心很容易发生火灾。

有一天，卡耐基看见一群小孩又在草坪附近生火。于是他走到他们中间，和他们套近乎："小朋友们，你们好，我看见你们玩得十分愉快。我小时候也和你们一样，喜欢玩火。尤其是在外面野炊，更是十分开心的事情。"随后，卡耐基和孩子们侃侃而谈，聊起了野炊的事情，双方的氛围变得十分融洽。随后，卡耐基话锋一转，说道："我想提醒你们一下，在公园内尤其是草坪上生火是极其危险的。虽然我见你们十分注意，可是安全第一，很多人往往在不经意之间酿成了灾难。有的人忙着干其他事，很容易忘记灭火，造成火灾隐患。所以我建议你们不要在草坪上点火。同时在你们离开时一定要记住用泥土盖住火，防止死灰复燃。"孩子们听了卡耐基的耐心讲解，纷纷表示今后不再在这里野炊。

以上故事中，卡耐基以提供建议或者参考的口吻和孩子们商量，最终实现了自己的目的。和享乐型人在一起也要采用这个方法，使用建议或提供参考的语气说话。

对于享乐型的人，他们追求的是利用一切机会享受人生。他们天生是性格开朗、精力旺盛、积极乐观的人，总是希望实现自己心中追求的目标。

他们是典型的乐天派，平时生性开朗乐观，喜欢体验新鲜刺激的东西。面对人生的挑战，他们总是持积极乐观的态度。平时，他们与人交往时总是大大咧咧，交谈面广，时常听见他们爽朗的笑声。"我的快乐我做主"，这是享乐型人的人生信条。

享乐型人性格乐观，灵活好动，是快乐的天使。面对问题，他们态度十分积极，发生问题后可以保证以后不再重复。他们喜欢保持生命里自由自在的环境，对沉闷的生活十分反感。他们为人直白，待人真诚，讲话的时候语速快、声音洪亮。

不论在哪里，享乐型的人都是不同场合的开心果。只要是他们所到之处，整天都充满欢快的笑声。同时，他们喜欢具有挑战性的冒险活动，希望在其过程中体验快感。他们拥有广泛的兴趣，是大家心目中多才多艺的百事通。平时遇到问题和难处，他们往往可以想出很多点子来，是十足的点子王。针对某项活动，他们会制订出详尽的具体计划，便于更好地贯彻执行。当遇到困难和挫折，他们抗压能力强，可以乐观应对，很快能从悲伤中走出来。

然而，他们平时耐力不强，凡事总是三分钟热度。很多时候，他们自认为自己是生活的多面手，某种程度上有自恋情结。对于计划好的事情，他们却很难顺利推进，总是浅尝辄止，半途而废。同时，他们总是怀着盲目乐观的态度面对周围的事情，让自己对事物的认识停留在表面，很难透过现象看出本质。当发生错误，他们不会主动承担责任，而是选择逃避和推卸责任。对于承诺性的内容，他们往往很难信守，不守信用。

现实中，享乐型的人喜欢闲谈式的交谈方式。他们喜欢一开始交谈时没有明确的中心，讲一些无关紧要的话语。这有助于双方建立亲密的关系，缓和交谈时尴尬的氛围。闲谈时，由于他们爱好广泛，见识也广，可以从中学到很多不同的知识。然而由于是即兴交流，所以双方的交流没有明确的目的。他们喜欢和对方分享自己对人生的看法和态度，喜欢分享自己人生的喜怒哀乐。

相互交谈时，他们往往会成为中心人物，所有的话题都围绕着他的兴趣和爱好展开。他们通常会侃侃而谈，口若悬河，哪怕在别人眼中枯燥无味的话语，到了他们的口中也能令人忍俊不禁。所以和他们交流是一件十分惬意的事情。

和他们交流时，所涉及的话题面十分广泛。上至天文地理，下至生活琐事，交谈起来海阔天空，无所不及。

与享乐型人交谈，听他们讲天南地北的事情，会让大家感到快乐和兴奋，可是有时候也会让对方感到总是被他们牵着鼻子走，没有得到相应的尊重。

享乐型人喜欢快乐轻松的交谈氛围。他们天真烂漫的性格、坦诚以待的态度会让别人感到很自在。因此，和他们在一起的时候，没必要过分拘谨。

第八节　领导型人格：唯我独尊，王者风范

历史上，汉高祖刘邦猜忌心重，很多和他一起打江山的功臣都受到他的猜疑和嫉妒。为此，他们整天惶惶不可终日，担心自己成为被打压的对象。更严重者，被逼无奈走上了谋反之路。

楚汉相争时，萧何一直被留在关中担任督运粮草的职务。其间，刘邦好几次问他关于押运粮草的事宜，而他只是含糊其词应对一下而已。

有一天，萧何将自己的现状告诉了其幕僚。幕僚听闻后，不禁叹

了口气，说道："你的好日子快到头啦！"萧何听后顿时感到无比沉重的压力。幕僚告诉他，你如今位至相国，功居首位，做出了不可磨灭的成绩。当皇上关心你的时候，说明他一定是有所担忧。因此，此时你应该做的是想办法减少皇上对你的猜忌。否则时间越长，皇上对你的猜忌会越严重。此时，建议你多购置农田，并且还应以便宜的价格购买，让老百姓对你有很大意见。只有这样，皇上心中的疑虑才会消除，进而确保全家平安。

萧何听后，觉得十分有道理。于是他赶紧采取相应的措施以自污名节，打消刘邦对自己的猜忌。

以上故事中，刘邦属于典型的领导型人。对于领导型人，他们最担心的事是自己的下属能力过强，甚至威胁到领导的权威和地位。因此，萧何为了防止刘邦猜忌而采取了削弱实力的种种措施。

领导型人天生是一个有条理性、注重效率、豪爽坦率的人。他们能力超强，经常发挥自己的特长，会全力以赴完成自己感觉有价值的事情。同时，他们执行力强，能够尽快将提出的看法付诸具体行动。

作为九型人格中的统治者，领导型人在现实中总是通过自己的实力和专业化水平成为世界的主宰者。他们控制欲强，希望控制周围的一切人和物。如果他们事业兴旺，他们会向外人炫耀自己的王者风范；如果他们事业低迷，他们会在日常生活中积聚力量，等到有合适的时机会进行攻击性的反击。他们平时控制欲强，有独霸世界的野心。他们办事有勇有谋，是绝对的核心人物。

领导型人富有正义感，会为了日常生活中的不平之事而争取公道。他们凡事总是坚持自己的办事原则，对别人的指指点点十分反感。他们比较随性，脾气比较暴躁，来得快去得也快。平时遭到别人的批评，他们很难从自身找原因，很难意识到自己身上的问题。如果遇到有一定难度的挑战，他们从不选择退缩，而是毅然前行。他们尊重强者，遇到冲突决不退缩。

领导型人拥有一定的气质和魅力。一般情况下，男士身材比较健壮和硬朗，女士身材比较丰满。着装方面，男士喜欢穿体现身份和地位的正装；女士则喜欢穿大品牌的衣服。

相互沟通时，他们会面带微笑迎接客人，笑语中会略带威严和霸气。一般情况下，他们的眼神比较温和，不具有攻击性；激怒他们时，其眼光中带着强烈的不满和攻击性。

与人交流时，领导型人讲话声音很洪亮，喜欢用一些幽默的话语来感染和调动交流的气氛。为了表达自己的主张，他们没有耐心仔细听取别人的讲话，总是打断别人讲话。相互交谈时，他们喜欢对方直截了当表明自己的立场，对那些说话拐弯抹角和兜圈子的人十分反感。由于他们比较强势，所以言语具有一定的攻击性和煽动性。

领导型人十分在意自己的权威和利益。因为他们发现，平时他们的需求是经常被忽视的。因为他们平时关心和在乎的人往往并不过多在乎他们。因此，他们觉得必须自己维护自己的利益，才能为自己争取到权利。一旦自己表现软弱，就会成为被别人忽视的对象。

第九节　调停型人格：温和性格，以和为贵

塞西莉是大学一年级的学生。她每个月的生活费是 5 英镑，如果按照正常的生活需求，这些钱足够她的开销。可是加上平时的同学、朋友聚会，她不好意思拒绝，这样算下来她就显得有些紧张了。有一次，她的姨妈到学校来找她，要求她请吃午饭。

当她们来到一家大型饭店的时候，服务员递给了她们菜单。姨妈当场点了饭店最贵的一份菜——烹饪鸡肉，需要花费 7 先令。而塞西莉则点了里面最便宜的菜，仅仅需要 3 先令。

就在她们纠结点什么菜的时候，服务员向她们推荐了他们的招牌菜——俄式鱼子酱。姨妈一听便要求点鱼子酱，后来在她的要求下，又点了一杯酒和一份鸡肉。等到结账的时候，塞西莉傻眼了，一共花了 20 先令。临走前，她一边交钱，一边为自己的生活费而犯愁。

以上故事中，面对别人的要求，塞西莉从来不懂得拒绝。而正是这一点，导致她的利益受到了损害。九型人格中，塞西莉是典型的调停型人。他们从来不会拒绝他人，有时甚至会影响到自己的正常生活。

调停型人性格温和，在他们眼中，不同的人有不同的主张，必然有其相应的合理性。所以他们理解不同性格的人的立场，可是却不会提出自己鲜明的主张。

调停型人追求的是相互之间的和谐，希望所有人都能相互理解，即使有矛盾也要友善解决，最不愿看见争执的发生。他们觉得自己的

主张微不足道，只要大家相安无事便是万事大吉。

　　调停型人会隐藏自己的真实想法，并不将自己的主张公之于众。他们通过转移内心的情感，进而实现自己和谐相处的目的。

　　在情爱关系上，他们多数会站在对方的立场考虑问题，将对方的想法看成自己的想法。对方的主张，便是他的主张；对方同意的事项，他们绝对不会反对。因此，他们对恋人是百依百顺的。

　　在人际交往中，他们会忽略自己的感受和主张，以团队的需求代替自己的意愿。只要是团队所需，他们会责无旁贷，义不容辞。

　　调停型人是典型的和平主义者，他们善于调节不同人的主张，总是把对方的利益放在首位，从不考虑自己的利益。因此，他们十分愿意倾听对方的主张，能够感知对方的需求。他们性格温和，待人礼貌，使人毫无压力感。

　　调停型人总是从积极的一面去考虑问题，总是能够发现对方的闪光点。同时，他们适应能力强，能够接受对方的一切优点和缺点。

　　调停型人过分关注别人的主张，十分清楚他人的需求。然而，对于自己的需求，他们却长时间不去关注，最终迷失自我。因此，他们对自己的人生没有良好的规划，经常把大量的时间花在别人身上，最终导致很难辨清自己的需求。他们拥有高远的志向，可是常常因缺乏执行力而使目标流于形式。他们遇到困难缺乏果敢的勇气，总是去迎合他人而失去自己的看法。面对压力，他们从来不直接面对，而是选择逃避。为了实现心目中的和谐，他们总是牺牲自我，用自己的爱好来麻醉自己。

　　当与调停型人交流的时候，他们希望通过相互的沟通实现现实生活的和谐，保持自己内心的安宁。他们以和谐相处为目标，总是站在对方的立场看问题，从不提出自己个人的主张。他们平和的处世态度，让对方不会感到压力，相互交流十分融洽。然而这会让他们失去表达自我主张的机会，没有了自己的看法，会显得他们在人际交往中过于平凡，没有更多出彩的机会。

然而，他们的沉默不语，并不意味着他们没有自己的主张和判断。他们内心也有很多意见和看法，只不过他们没有表达出来而已。和他们交流时，首先要听清他们所要表达的意见和主张，要有耐心听完他们的讲述和想法。这不仅是对对方的尊重，也体现了自己良好的精神面貌。

和调停型人在一起，最重要的是要保持相互之间的友好。这样，他们才会充分感受到你的善意，以确保相互之间的安全。面对冲突，他们的一贯态度是想尽一切办法避免冲突。

他们的思维是发散性思维，平时根本不会专心考虑一个问题。由于头脑里的信息十分混乱，所以他们的思维条理性差。他们的内心犹如一团乱麻，所以他们很难直截了当说出自己的主张。

调停型人为了实现自己内心的和谐，对于别人的看法，他们通常都是表示同意。可是他们表面的同意，并不是他们真实的想法，所以千万不可信以为真。

在职场生涯中，经常会遇到调停型人格的领导，他们平时总是十分随和，态度十分和蔼，根本没有架子。当他要求员工做一件事情，没有特殊情况下，他们不会给下属太大的压力，只要你尽己所能尽力而为即可。他经常组织下属发表自己的看法，让大家形成相互讨论的工作氛围。等到最终总结的时候，他会参照所有员工的意见，在此基础上形成自己的看法。

调停型的领导喜欢和谐的工作氛围。在他们眼中，人与人相互之间的关系要相互配合，互相理解，没必要斤斤计较，非要分得清清楚楚。所以他希望自己的团队要保持和谐，遇到问题要群策群力，一同想办法解决。平时相处中，调停型领导讲究礼貌，待人和蔼，不会表现得过分强势。正是因为在日常工作中营造了融洽的氛围，所以员工之间信赖性强。